Maravillosa

Los Libros del Reino

Set 2

La Colección

Maravillosa™

Los Libros del Reino

Josué, Jueces, Rut, 1 Samuel,

2 Samuel, 1 Reyes, y 2 Reyes

1-678-366-3460

www.theamazingcollection.org

ISBN-13: 978-1-93219-924-6

El diseño de la portada por Brand Navigation y Arvid Wallen

La imagen compuesta de la portada: por Getty Images y Corbis y traducida al español por Melissa Swanson
El equipo creativo: Leigh McLeroy, Kathy Mosier, Pat Reinheimer, Glynese Northam

Traducido por: Maryselle Damaris Cardona Money, Damaris I. McClure, Sheri McGough Snow, Lucila Ramírez Ohlen, María Eugenia Vanegas Villa

Esta traducción fue elaborada por un equipo de mujeres cristianas que representan a cinco países de habla hispana. Cada una de ellas estudió este curso bíblico en inglés y sintió el deseo de traducirlo al español, para ponerlo al alcance de personas de habla hispana; y con el objetivo de mejorar la comprensión de la Biblia y conocer más del Dios tan grande y maravilloso que es nuestro creador.

Algunos de los ejemplos anecdóticos en este libro son fieles a la realidad y se incluyen con el permiso de las personas involucradas. Todas las otras ilustraciones son compuestas de situaciones reales y cualquier parecido con personas vivas o muertas es pura coincidencia.

Al menos que de manera distinta se identifique, todas las citas bíblicas en esta publicación proceden de La Santa Biblia Nueva Versión Internacional (NVI), 1999 por la Sociedad Bíblica Internacional.

Impreso en los Estados Unidos de América

1 2 3 4 5 6 / 20 19 18 17 16 15

Bienvenido (a)
La Colección Maravillosa
La Biblia Libro por Libro

Es asombroso como una carta de amor que llega en el momento justo puede alegrar el corazón, refrescar el alma y devolver la pasión por el ser amado. Cuando los enamorados están separados por la distancia, y pueden comunicarse solamente a través de palabras escritas, estas palabras se vuelven el sustento de su relación amorosa.

La carta de amor más grande jamás escrita, a menudo está guardada, sin abrir y bajo llave en nuestros cofres, mientras tanto nosotros vamos recorriendo nuestras vidas estando a veces temerosos, oprimidos, inquietos, con penas, incertidumbres y desconociendo que en esas páginas, podemos encontrar todo lo que necesitamos para vivir la vida que siempre estamos deseando.

En esta carta de amor descubriremos a Dios y a través de Él recibiremos esperanza, seguridad, libertad del temor, consejos para nuestra vida cotidiana, sabiduría, gozo, paz, poder y sobre todo, el camino para la salvación. Encontraremos la vida que siempre hemos añorado, la vida *abundante*.

La Biblia es sencillamente una carta de amor recopilada en sesenta y seis libros, escrita por más de cuarenta autores, que vivieron en tres continentes diferentes y realizada durante un período de mil seiscientos años y aunque los autores procedían de diferentes culturas hay un sólo mensaje, un tema, un hilo que corre a través de ésta, desde el primer libro: Génesis; hasta el último: Apocalipsis, este mensaje es: Por amor Dios redime a la humanidad, un mensaje que para nosotros es importante hoy, al igual que lo fue hace dos mil años.

Dios inspiró la Escritura de la Biblia, así los hombres y mujeres podrían entrar en una íntima relación con Él y ver Su: carácter, obras, poder y amor. Sería trágico leer los libros y nunca llegar a conocer a Dios. Le sugerimos que vaya a través de este estudio, escuchando las lecturas, leyendo las Escrituras y haciendo la tarea diariamente en casa, realizándolo con todo su corazón y deseando conocer íntimamente a Dios. Lea cada página de la Biblia, como si esto fuera una carta de amor escrita personalmente por la mano de Dios. Deléitese en Su gran amor, manténgase en asombro de Su magnífico poder, inclínese delante de Su majestad y dé las gracias y la adoración para Quien es toda: presencia, conocimiento, misericordia y amor. Él está en cada página y Le está hablando a usted.

La Biblia es un libro inspirado por Dios Mismo. Esta es Su: historia, Su carta de amor y Su invitación para comenzar una relación paternal con Él, a través de Su hijo, Jesucristo. Ésta es la palabra de Dios... En verdad, la más Maravillosa Colección.

CONTENIDO

TABLAS DE MAPAS, RUTAS Y DIAGRAMAS

GUÍA PARA EL LIBRO DE TRABAJO

La Colección Maravíllosa es un estudio de la Biblia, libro por libro. Esta parte del estudio se centrará en los siete libros de la Biblia conocidos como Los Libros del Reino. Lo siguiente lo familiarizará con el diseño de esta serie.

Cada libro de la Biblia deberá estudiarse semanalmente a través de un video educativo y un estudio escrito. El video educativo incluye música para motivar el corazón, gráficas para permitir una visualización mental y un testimonio personal para lograr que el tema de este libro específico sea para la vida.

El libro de trabajo contiene:

1. Una introducción que resume cada libro.
2. *Aprendiendo para La Vida* son preguntas que se discutirán y pueden ser usadas después de observar los videos. (Si los grupos son numerosos, se recomienda formar grupos pequeños para discusión.)
3. Hay cinco lecciones diarias de tarea por cada libro.
4. Un versículo para memorizar por cada libro.
5. Varios mapas, gráficos y diagramas.
6. Un repaso al final de cada semana para refrescar su memoria. Las respuestas, para la revisión del día uno al cuatro serán encontradas en la sección *¡Repase Esto!*, ubicada en el margen al final de la lección diaria y el versículo para memorizar será la revisión del día cinco.

Cada día antes de iniciar la tarea, pídale a Dios que le muestre cómo aplicar la verdad contenida en las Escrituras, en su propia vida. Al comienzo de cada lección diaria, en el libro de trabajo, hay dos opciones de lectura: una es la *Lectura Completa*, que lo capacitará para leer un libro entero de la Biblia cada semana y si usted no tiene el tiempo suficiente, la segunda opción será la *Lectura Rápida*, que le permitirá leer unos capítulos o versículos claves de este libro. Para completar las lecciones diarias, requerirá un tiempo adicional, el cual podrá extender libremente.

Una de las cosas increíbles acerca de la palabra de Dios es que usted puede leer la misma Escritura en diferentes situaciones durante su vida y obtener nuevas reflexiones con cada lectura. La palabra de Dios es inagotable, esto quiere decir viva; ella tiene el poder de producir como resultado cambios de vida.

Oramos para que al comenzar su viaje a través de *La Colección Maravillosa* aprenda para la vida: el propósito, los protagonistas principales, la ubicación geográfica y el período de tiempo que contiene cada libro de la Biblia, pero sobre todo, para que usted comience a conocer más íntimamente el Dios de la Biblia, su hijo Jesucristo y el Espíritu Santo.

Un Vistazo a Los Libros del Reino

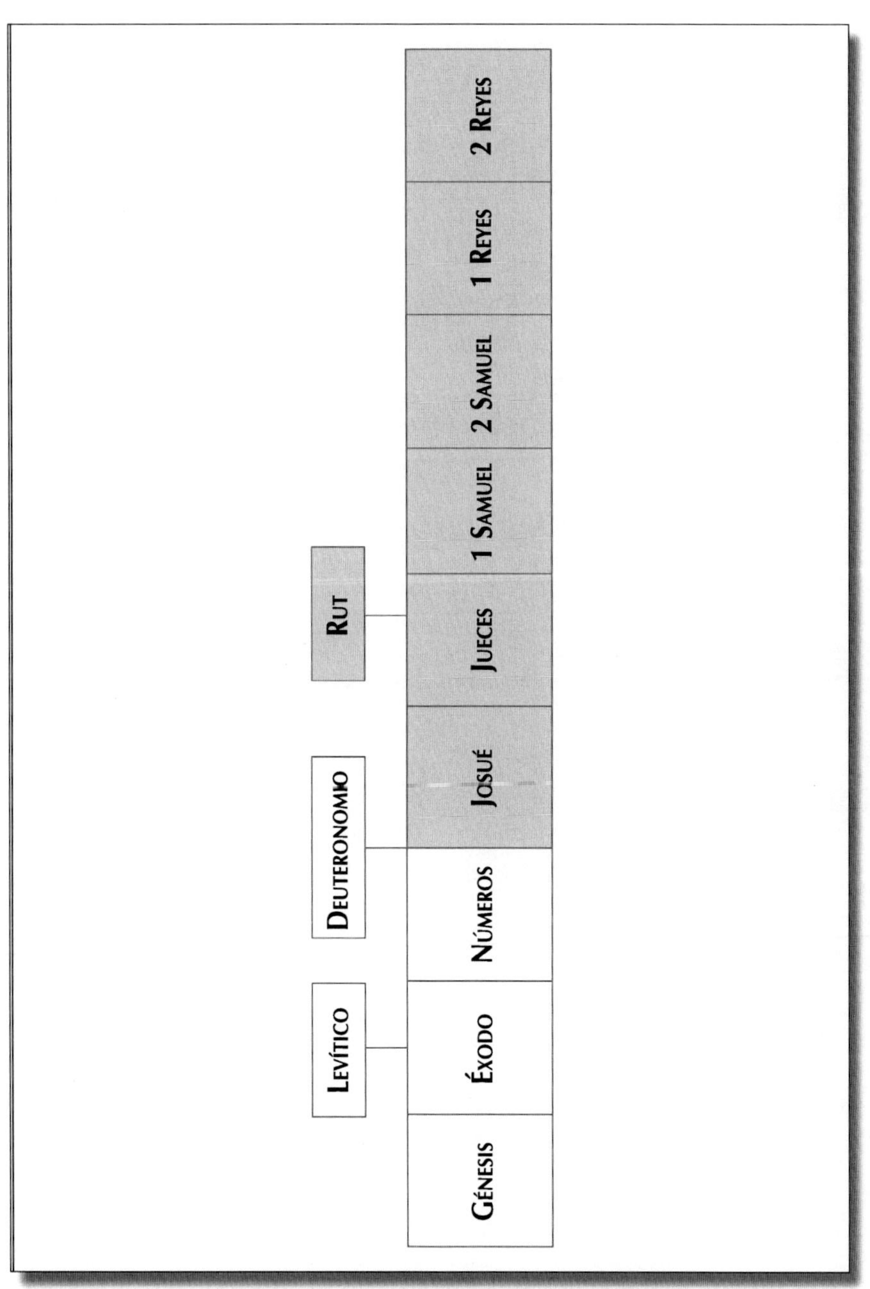

Para ver cómo estos libros encajan cronológicamente como un todo dentro de los libros del Antiguo Testamento, vea el mapa de la página 200.

Resumen General de LOS LIBROS DEL REINO

Las siguientes páginas proveen una visión general de los libros que deberá estudiar en este grupo, las cuales están diseñadas para ser cortadas y usadas como fichas de referencia rápida, adelante encontrará los hechos principales del libro y atrás el versículo para memorizar.

Puede encontrar de utilidad laminarlas y llevarlas con usted en un aro o guardarlas en un tarjetero y mantenerlas en un lugar donde pueda utilizarlas frecuentemente como referencia.

Esperamos que esto pueda ser una herramienta de ayuda para que usted verdaderamente aprenda estos libros de por vida.

JOSUÉ

La Conquista de la Tierra

Quién	**Qué**	**Dónde**
Josué	La Conquista de la Tierra La División de la Tierra	Canaán

Tiempo Abarcado: 25 años

JUECES

El Gobierno de los Jueces

Quién	**Qué**	**Dónde**
Débora Gedeón Sansón	Los 7 Ciclos de Pecado	Israel

Tiempo Abarcado: 340 años

RUT

La Definición de Redención

Quién	**Qué**	**Dónde**
Noemí Rut Booz	La Historia de Amor	Moab Belén

Tiempo Abarcado: alrededor de 30 años

JOSUÉ
La Conquista de la Tierra

Así fue como el SEÑOR les entregó a los israelitas todo el territorio que había prometido darles a sus antepasados; y el pueblo de Israel se estableció allí.

JOSUÉ 21:43

JUECES
El Gobierno de los Jueces

En aquella época no había rey en Israel; cada uno hacía lo que le parecía mejor.

JUECES 21:25

RUT
La Definición de Redención

¡Alabado sea el Señor, que no te ha dejado hoy sin un redentor!

RUT 4:14

1 SAMUEL

El Establecimiento de la Monarquía

Quién	**Qué**	**Dónde**
Samuel	Último Juez (Samuel)	Canaán
Saúl	Primer Rey (Saúl)	
David		

Tiempo Abarcado: 94 años

2 SAMUEL

El Establecimiento del Trono de David

Quién	**Qué**	**Dónde**
David	El Pacto Davídico	Judá
		Israel

Tiempo Abarcado: 40 años

1 REYES

La División del Reino

Quién	**Qué**	**Dónde**
Salomón	La Construcción del Templo	Israel
Roboán	La División de la Nación	Judá
Elías		
Jezabel		

Tiempo Abarcado: 120 años

1 SAMUEL

El Establecimiento de la Monarquía

La gente se fija en las apariencias,
pero Yo me fijo en el corazón.

1 SAMUEL 16:7

2 SAMUEL

El Establecimiento del Trono de David

Entonces la dinastía de tu siervo David
quedará establecida en tu presencia.

2 SAMUEL 7:26

1 REYES

La División del Reino

Cuando Salomón llegó a viejo, sus mujeres le pervirtieron
el corazón de modo que él siguió a otros dioses.

1 Reyes 11:4

2 REYES
El Exilio del Reino

Quién	**Qué**	**Dónde**
Elías	Los Reinos Exiliados	Israel para Asiria
Eliseo		Judá para Babilonia
Los reyes de Israel		
Los reyes de Judá		

Tiempo Abarcado: 293 años

2 REYES

El Exilio del Reino

Rechazaron los decretos y las advertencias del SEÑOR
y el pacto que Él había hecho con sus antepasados.

2 Reyes 17:15

Introducción a LOS LIBROS DEL REINO

Los libros desde Génesis hasta Ester generalmente se denominan como Los Libros Históricos, porque cuentan los hechos de manera histórica y secuencial. Hemos dividido estos diecisiete libros en tres grupos: El Pentateuco, Los Libros del Reino y Los Libros Posteriores al Exilio.

A través del Pentateuco, conocimos a un Dios todopoderoso y encontramos que Él es: el Creador (Génesis), el Libertador (Éxodo), el Dador de la Ley (Levítico), Él que disciplina (Números) y Él que da bendiciones por la obediencia y maldiciones por la desobediencia (Deuteronomio). Dios también demostró ser un Dador de Promesas. En Génesis, Dios prometió que daría a Abraham, tierra y un gran número de descendientes. Esos descendientes se convertirían en la nación que sería una bendición para todas las naciones de la tierra. Era una promesa muy grande, pero Él es un gran Dios.

En Los Libros del Reino, veremos que Dios es Cumplidor de Promesas. Él efectivamente había dado a Su pueblo la tierra que les había prometido, pero la tierra estaba bajo el control de los cananeos. La tierra era rica y fértil pero los habitantes eran guerreros feroces y experimentados. De no haber tenido de su lado al Dios del universo, el Todopoderoso, hubiera sido una misión imposible.

Los que entraron a la Tierra Prometida fueron los hijos de los que habían salido de Egipto, por lo tanto, muchos de ellos sólo habían oído hablar de la fidelidad de Dios, de cuando Él llevó a sus padres a través del desierto, hacia la Tierra Prometida. Sin embargo, a través de Moisés y su liderazgo competente, ellos eran fuertes en su fe, decididos a obedecer al Dios vivo, a establecerse en una tierra, y a convertirse en una nación que sería de bendición para todo el mundo. Así que con su confianza en Jehová, los israelitas empezaron la marcha hacia la tierra que Dios les había dado.

Los Libros del Reino, desde Josué hasta 2 Reyes, incluyen la conquista de la tierra, el gobierno de los jueces y la unión y división del reino. Estos libros finalizan con la conquista y dispersión de Israel, así como la destrucción y el exilio de Judá.

A lo largo de las páginas de Los Libros del Reino usted se encontrará cara a cara con hombres y mujeres de gran valor, proveniente de una fe grandísima. Dios no los decepcionó cuando Él derribó muros, ganó batallas, levantó reyes, derribó naciones, sanó enfermos, resucitó muertos, envió carros de fuego y purificó aguas venenosas. Él bendijo a Israel cuando obedeció, y lo disciplinó cuando se rebeló. Envió profetas para advertir y gobernantes para liderar. Él mostró Su gloria en un templo, construido para Su presencia, y Su misericordia, cuando lidió con el débil e indeciso.

En estos libros, usted también tendrá una visión de hombres y mujeres que caminaban con Dios y a veces también luchaban con Él. No se pierda el valor y la devoción de hombres como: Josué, Caleb, Gedeón, Samuel, David y Ezequías. Y preste atención especial a las valientes mujeres que hicieron una gran diferencia en su tiempo: Rajab, Débora, Rut, Ana y Abigail. Grandes lecciones que también se pueden aprender de aquellos cuyas vidas no fueron tan excelentes, como: Sansón, Saúl y Jezabel.

Abra estos libros y verá las noticias de hoy en día, porque algunas cosas nunca cambian. Todavía hay: gobernantes malvados, personas que sufren, guerras civiles, líderes injustos, países que experimentan grandes bendiciones por parte de Dios y otros que experimentan su disciplina. Aunque las naciones se levantan y se debilitan, hay algo que sigue siendo igual: Dios es el Soberano de todos y todo está en sus manos y bajo su control. ¡A Dios sea la gloria por las grandes cosas que Él ha hecho!

JOSUÉ

[La Conquista de la Tierra]

Así fue como el SEÑOR les entregó a los israelitas todo el territorio que había prometido darles a sus antepasados; y el pueblo de Israel se estableció allí.

JOSUÉ 21:43

INTRODUCCIÓN

Mientras los israelitas miraban a través del Jordán hacia la tierra que Dios había prometido darles, ellos estaban muy conscientes de que la tierra estaba habitada por gigantes. Ellos habían estado peregrinando en el desierto por cuarenta años, escuchando historias de gigantes, y de un Dios que es mayor que cualquier enemigo. Ellos habían vivido en disciplina, esperando el momento en que su peregrinaje terminaría y que al fin tendrían su tierra propia. Ahora el momento había llegado. Moisés, el único líder que habían conocido, estaba muerto. Josué había tomado su lugar, y no sólo los dirigiría en la batalla, sino que también los guiaría en su caminar espiritual con Dios.

Josué seguía a Dios y el pueblo seguía a Josué. Una vez más, las aguas fueron separadas por Dios y una vez más, los hijos de Israel caminaron en forma segura a través de éstas. Mientras se preparaban para su primera batalla, recibieron de Josué instrucciones que podrían ser obedecidas sólo si tenían fe absoluta en el poder de Dios para ayudarles. Ellos no fueron decepcionados y una vez más, mientras caminaban alrededor de Jericó, los muros fueron derribados y ganaron la batalla, no por sus grandes proezas como guerreros, sino por el poder de Dios para luchar en su beneficio.

Este libro abarca veinticinco años. A los israelitas les tomó un poco más de siete años conquistar a los habitantes de Canaán y tomar la tierra, luego ésta fue dividida entre las tribus. El libro finaliza con la muerte de Josué.

JOSUÉ
[La Conquista de la Tierra]

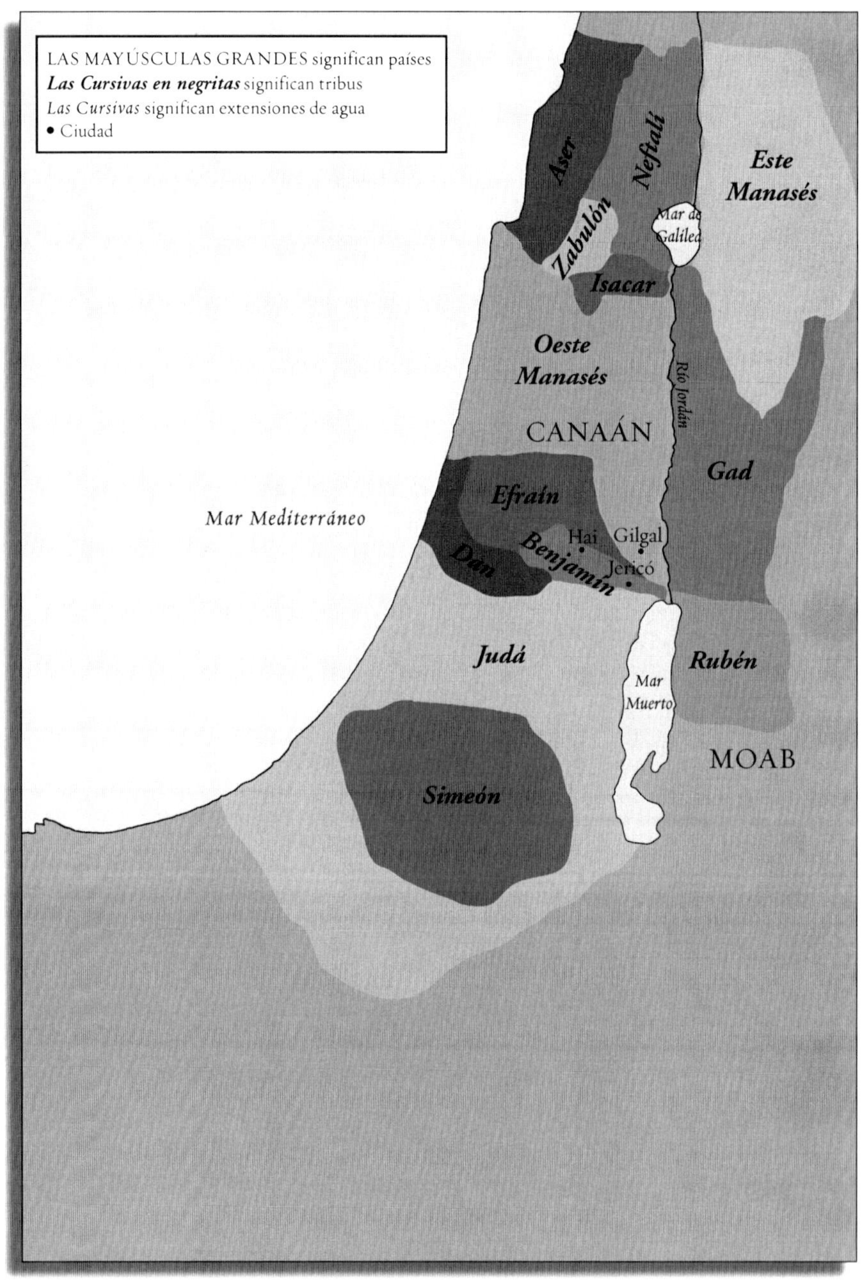

Josué
[La Conquista de la Tierra]

RESUMEN

¿Quién? Autor: Josué
Personaje principal: Josué

¿Qué? La conquista y la población de la Tierra Prometida

¿Cuándo? El libro cubre 25 años (1405–1380 a.C.)

¿Dónde? Casi todo el libro transcurre en Canaán

¿Por Qué? Los israelitas liderados por Josué, conquistaron y poblaron la tierra que Dios les había prometido

I. Los Israelitas Entraron a la Tierra Prometida (Josué 1-5)

A. Dios dio un Encargo a Josué (Josué 1).

B. Josué envió afuera a dos Espías (Josué 2).

C. Dios separó el río Jordán y los israelitas cruzaron sobre éste (Josué 3-4).

D. Josué se Postró ante el comandante del ejército del Señor (Josué 5).

II. Los Israelitas Conquistaron la Tierra Prometida (Josué 6-12)

A. Dios le dio a los israelitas la victoria en Jericó (Josué 6).

B. Debido a la desobediencia, los israelitas fueron disciplinados en Hai (Josué 7).

C. Los israelitas se aproximaron a Canaán para Dividirlo y conquistarlo (Josué 9-12).

III. Los Israelitas Dividieron la tierra entre las doce tribus (Josué 13-24)

A. A los Gabaonitas se les permitió vivir entre los israelitas.

B. Los Levitas recibieron el sacrificio de Dios como su herencia, no la tierra (Josué 21).

C. Josué dio un ENCARGO final al pueblo de Israel (Josué 22:24-28).

D. Al final del libro de Josué hubo tres entierros (Josué 24:29-33):

1. El de JOSUÉ
2. El de los HUESOS DE JOSÉ
3. El de ELEAZAR

APLICACIÓN

El poder de Dios derrota fácilmente a los enemigos de sus hijos. Él es nuestra: defensa, fuerza, consuelo, esperanza y seguridad. En Él tomamos nuestro valor.

Josué
[La Conquista de la Tierra]

Aprendiendo para La Vida

1. Comenzando con Génesis, desarrolle las bases para el libro de Josué (esfuerzo de grupo).
2. Dios dio a Josué instrucciones específicas relativas a la conquista de Jericó. ¿Por qué Dios elige este método y por qué fue esta conquista tan importante para los israelitas?
3. ¿Qué lección importante se aprendió en Hai? ¿Qué nos enseña la respuesta de Dios a la desobediencia de Acán?
4. ¿Qué nos enseña Josué acerca del valor? ¿En qué áreas de su vida necesita valor?

Josué
[La Conquista de la Tierra]

¿SABÍA USTED?
Josué nació como un esclavo en Egipto.

DÍA UNO

Lectura Completa: Capítulos 1-5
Lectura Rápida: Capítulos 3-4

La Ilustración Principal

Hemos caminado a través de la Biblia comenzando con Génesis y ahora hemos llegado a Josué. Al fin, los hijos de Israel han llegado a su Tierra Prometida.

El libro de Josué registra la conquista y la población de la tierra de Canaán, que originalmente había sido prometida a Abraham en Génesis 12 y 13 alrededor de 2100 a.C. En el capítulo 1 de Josué, se describen los eventos que sucedieron alrededor de 1400 a.C. ¡Setecientos años habían transcurrido desde que Dios prometió esta tierra! Siete siglos, es el triple del tiempo que llevan los Estados Unidos siendo una nación. ¡Es rara la vez que Dios actúa de prisa! Entre Abraham y Josué habían pasado generaciones, cada una de ellas aprendiendo sobre la tierra, con la esperanza de la tierra, soñando con la tierra y muriendo sin la tierra. Pero había llegado el momento en que la promesa se cumpliría y Josué era el líder elegido por Dios. Moisés fue el hombre que Dios usó para liberar a su pueblo de Egipto, Josué sería el hombre que los guiaría hasta Canaán.

Me encuentro con que Sus promesas se revelan como las hojas que crecen en la primavera y en el centro de ellas, Su amor eterno; Su promesa cumplida en mí y para mí.
—Margaret Cundiff, escritora espiritual

El libro lleva el nombre de su personaje principal, Josué, que significa "Jehová es la salvación" Aunque es difícil de probar, muchos estudiosos de la materia creen que el autor del libro fue Josué, y sabiendo que la conquista de la tierra ocurrió alrededor del año 1400 a.C., y que Josué murió alrededor del año 1390 a.C., éste debió de haber sido escrito en algún momento durante este período de diez años.

Una visión general del contenido del libro se muestra en la gráfica a continuación:

La Conquista		La Población	
Entrando a la Tierra	Conquistando la Tierra	Dividiendo la Tierra	Viviendo en la Tierra
1 5	6 12	13 21	22 24

Durante los setecientos años transcurridos desde la promesa de la tierra y su cumplimiento, el pueblo de Dios vivió primero en Canaán y luego en Egipto, la mayor parte de ese tiempo en la servidumbre de la esclavitud. Dios formó la nación de Israel en Canaán, a través de Abraham, Isaac y Jacob. En Egipto, la formó a través de los descendientes de Jacob. Pero estos años también revelaron algo acerca de los cananeos que vivían en la tierra, que con el tiempo, Israel poseería permanentemente.

Lea Génesis 15:12-16 y exprese, en sus propias palabras, lo que Dios quiso decir en la segunda parte del versículo 16 (recuerde: amorreo es otro nombre para cananeo).

Ahora lea Levítico 18:24-28, que describe la condición de los cananeos, justo antes de que los israelitas los conquistaran. Compare estos versículos con lo que Dios había dicho acerca de los amorreos (cananeos) a Abraham en Génesis 15. ¿Qué había sucedido en los siglos intermedios?

¡INTERESANTE!
Los cuarenta años de maná cesaron justo antes de la conquista de Jericó.

Mantenga la fe en Dios. La fe es creer realmente que algo bueno va a suceder, a pesar de que las cosas estén justo al contrario.

—Florence Allshorn, misionera en Uganda

Al leer y estudiar el libro de Josué, podrá ver que la fe en Dios es el tema principal. Considere la posibilidad de hacer un registro de las ilustraciones de la fe que encontrará mientras avanza a través del libro. Si desea, puede utilizar este sencillo esquema:

Quién Mostró la Fe	Cómo Ellos Mostraron la Fe	El Resultado de su Fe

He aprendido que la verdadera práctica de la fe es realmente un estado del ser, un estado en el que uno está constantemente en espera de lo bueno y en el que uno agradece a Dios por los beneficios antes de que sean realmente recibidos.

—Katie Whitelegg, autora[1]

Versículo para Memorizar

Así fue como el Señor les entregó a los israelitas todo el territorio que había prometido darles a sus antepasados; y el pueblo de Israel se estableció allí.

Josué 21:43

¡REPASE ESTO!
El tema de Josué es la conquista y la población de la Tierra Prometida.

DÍA DOS

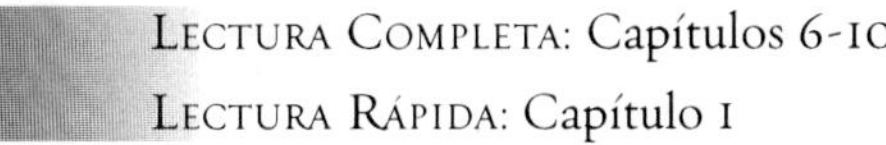

LECTURA COMPLETA: Capítulos 6-10
LECTURA RÁPIDA: Capítulo 1

PIENSE ACERCA DE ESTO
Josué iba a conquistar lo que Dios ya le había dado.

UN CAPÍTULO CRUCIAL

El 22 de noviembre de 1963, la bala de un asesino mató a John F. Kennedy, el presidente de los Estados Unidos. En ese dia, los que tenían edad suficiente para comprender el significado del acontecimiento, nunca olvidarán dónde estaban o cómo se sintieron cuando se enteraron de la noticia. Un país o grupo de personas son más vulnerables durante esos minutos, horas o días en que están sin sus líderes. Durante las dos horas siguientes, adentro del avión presidencial, el vice-presidente Lyndon B. Johnson, de pie, con su esposa a un lado y la viuda del presidente asesinado al otro, levantó la mano y tomó el juramento de su cargo, para convertirse en presidente de los Estados Unidos; y seguramente ésta fue su hora de mayor prueba y era natural que en su rostro se notaran la presión, el temor y la sorpresa.

En marzo 1405 a.C., otro gran líder murió, posiblemente el líder más grande de todos los tiempos. En un momento decisivo en la vida de la nación que él había guiado, un nuevo líder estaba dispuesto a colocarse el manto del liderazgo.

Comandar es servir, nada más y nada menos.

—ANDRÉ MALRAUX, novelista francés, aventurero e historiador de arte del siglo veinte

El líder que murió era Moisés, el nuevo líder era Josué y el momento crítico era la víspera del avance de Israel para conquistar y poblar la Tierra Prometida.

El Capítulo 1 de Josué es un Capítulo Crucial, porque describe lo que ocurrió durante ese período inicial de transición trascendental: " Después de la muerte de Moisés, siervo del SEÑOR, Dios le dijo a Josué, hijo de Nun y asistente de Moisés:... "(versículo 1).

Lo que Dios le dijo a Josué en este momento de pérdida personal, de dolor, de incertidumbre y de temor sería fundamental para su capacidad de funcionar como líder, calzando las sandalias de su predecesor.

Lea Josué 1:1-9 y escriba sus pensamientos para las siguientes preguntas:

¿Qué dijo Dios a Josué que hiciera?

DATO
Josué era de la tribu de Efraín, uno de los hijos de José.

¿Qué promesas le hizo Dios a Josué?

Basado en lo que Dios dijo: ¿De qué debilidades humanas en Josué cree usted que él estaba conciente?

Dame el valor para tomar hoy el camino de debo tomar; signifique lo que sea, me lleve a donde sea. Deseo viajar con confianza y obediencia a través de este día y en la noche descansar en Tu paz.

—MARGARET CUNDIFF, escritora espiritual

En los versículos 2-9, Dios menciona a Moisés cuatro veces. ¿Por qué cree usted que Dios hizo eso?

Haga un resumen de su estudio, use dos o tres principios o verdades principales que pudieran serle de utilidad para enfrentar cualquier situación difícil.

El valor es una clase especial de conocimiento: el conocimiento de cómo temer a lo que se debe temer, y de cómo no temer a lo que no debe ser temido.

—David Ben-Gurion, político y primer ministro israelí

Personalmente, ¿Qué le impactó más en este capítulo?

Versículo para Memorizar

Así fue como el Señor les entregó a los israelitas todo el territorio que había prometido darles a sus antepasados; y el pueblo de Israel se estableció allí.

Josué 21:43

¡REPASE ESTO! Nuestro Capítulo Crucial es el capítulo 1, ya que muestra la transición de Josué a la posición de liderazgo que había desempeñado Moisés.

DATO
Josué primero conquistó el centro de Canaán, después el sur y finalmente el norte. Esta estrategia militar se denomina "divide y vencerás".

DÍA TRES

LECTURA COMPLETA: Capítulos 11-15
LECTURA RÁPIDA: Capítulos 6-7

UN PERSONAJE IMPORTANTE

Gordon MacDonald escribe:

> Harry Emerson Fosdick, conocido predicador de épocas pasadas, con frecuencia se refiere a la Gran Muralla China, construida por la mano de obra de multitudes y con costosos gastos gubernamentales. Esta muralla en su momento parecía ser la garantía que los chinos buscaban, que era estar a salvo de todos los invasores. Pero no funcionó. No porque era inadecuada como una barrera física, sino debido a que los guardias que estaban a lo largo de la Muralla se dejaban sobornar. En una ocasión Fosdick dijo: "Fue el elemento humano el que falló, lo que colapsó fue el carácter, el cual demostró ser insuficiente para hacer que la gran estructura fabricada por los hombres realmente funcionara"[2].

La medida del verdadero carácter de un hombre es lo que haría si supiera que nunca sería descubierto.
—THOMAS BABINGTON MACAULAY, autor y estadista

Y sin carácter de parte de Josué, el gran plan que Dios había construido para conquistar y poblar la tierra de Canaán, también habría estado en peligro. Debido a la persona en que Josué se había convertido bajo la tutela de Dios y de Moisés, él fue capaz de dirigir y perseverar a través de las circunstancias más difíciles. Ciertamente este es un Personaje Importante en esta historia.

El carácter de Josué se había forjado cuando era siervo de Moisés, durante los cuarenta años de peregrinaje. Lea las siguientes afirmaciones que hablan del carácter de Josué y describa en sus propias palabras lo que significa cada una de ellas.

Números 27:18

Números 32:12

¿SABÍA USTED? Rajab, la prostituta, se encuentra en la genealogía de Cristo en Mateo 1:5.

Deuteronomio 34:9

En Josué 6 y 7, la Lectura Rápida de hoy, se describen dos encuentros militares con circunstancias, retos, resultados y consecuencias muy diferentes. En ambos se requirió un líder de carácter fuerte, resuelto y con la confianza para llevar al pueblo a una conclusión exitosa. Lea cada historia y haga un resumen de los rasgos de carácter de Josué que se reflejaron en cada encuentro.

Josué 6:1-21

Nosotros somos el cable y Dios la corriente. Nuestra única función es dejar que la corriente pase a través de nosotros.

—Carlo Carretto, escritor espiritual y católico del siglo veinte

Josué 7:1-26

El novelista Henry James escribe: ¿Qué es el carácter, sino la determinación de los acontecimientos? ¿Qué son los acontecimientos, sino la ilustración del carácter?"[3]

Esto fue cierto en la vida de Josué, así como es cierto en su vida propia. Describa un momento en el que su carácter piadoso determinó un acontecimiento y a su vez, fue ilustrado por el acontecimiento. Después, agradezca a Dios por los rasgos de carácter que Él ha forjado en usted.

La reputación es lo que los hombres y las mujeres piensan de nosotros. El carácter es lo que Dios y los ángeles saben de nosotros.

—Thomas Paine, patriota, filósofo y político norteamericano

Versículo para Memorizar

Así fue como el Señor les entregó a los israelitas
todo el territorio que había prometido darles a sus
antepasados; y el pueblo de Israel se estableció allí.

Josué 21:43

¡REPASE ESTO!
En el libro Josué es un Personaje Importante, quien muestra un carácter fuerte y piadoso.

JOSUÉ
[La Conquista de la Tierra]

DÍA CUATRO

LECTURA COMPLETA: Capítulos 16-20
LECTURA RÁPIDA: Capítulo 14

¡UN GRAN VERSÍCULO!
Aun cuando sea yo
anciano y peine canas,
no me abandones, Oh Dios,
hasta que anuncie tu poder
a la generación venidera,
y dé a conocer tus proezas
a los que aún no han nacido.
Salmos 71:18

UNA CARACTERÍSTICA DESTACABLE

> La edad es una cuestión de la mente sobre la materia. Si no te importa, no tiene importancia.
>
> —MARK TWAIN

> Cada vez que usted se sienta demasiado viejo para hacer algo, hágalo.
>
> —MARGARET DELAND

> No me prive de mi edad. Me la he ganado.
>
> —MAY SARTON

> No es la edad que tengas, sino cómo llegues a viejo.
>
> —MARIE DRESSLER

> Lo mejor de envejecer, es que no se pierdan todas las otras edades en las que usted ha estado.
>
> —MADELEINE L'ENGLE

Me casé con un arqueólogo, porque entre más vieja me hago,él me aprecia más.
—AGATHA CHRISTIE, autora inglesa de libros de misterio

Las personas están viviendo más tiempo que nunca y por lo tanto, tienen más potencial para la contribución continua que sus antepasados. ¿La buena noticia? Este potencial puede producir un impacto fenomenal para bien en el mundo en general y específicamente en la iglesia. ¿La mala noticia? No tenemos muchos modelos que nos muestren cómo hacerlo bien. Un ejemplo de nuestra Característica Destacable en el libro de Josué es Caleb y su historia que se registra en el capítulo 14, la Lectura Rápida para hoy.

Caleb se nos presenta por primera vez en el libro de Números. Tenía cuarenta años cuando fue enviado por Moisés como uno de los doce espías para que echara un vistazo a la Tierra Prometida. Lea Números 13:25-14:10 y 14:22-24, y escriba lo que aprendió sobre Caleb acerca de este incidente crítico.

¡OTRO GRAN VERSÍCULO!
Como palmeras florecen los justos; como cedros del Líbano crecen. . . . Aun en su vejez, darán fruto; siempre estarán vigorosos y lozanos, Salmos 92:12,14

Ahora lea Josué 14:6-15 y responda a las siguientes preguntas y declaraciones:

¿Mirando hacia el pasado, con la perspectiva de un hombre de ochenta y cinco años de edad, cómo describe Caleb el incidente de los doce espías?

Utilice palabras y frases diferentes para imaginar cómo Caleb se veía a sí mismo a la edad de ochenta y cinco años. Si desea ver el seguimiento de este pasaje, lea Josué 15:13-19.

Tanto como le sea posible, haga una lista de los rasgos dignos de alabanza que usted ve en Caleb, como un hombre de edad avanzada.

Entre más viejo es el violín, más dulce es la melodía.
—Proverbio inglés

Piense en las personas de edad avanzada que usted conoce. ¿Hay alguien que presenta algunas de estas características? ¿Quién es esa persona y qué rasgos él o ella presenta?

Si usted es ahora de edad avanzada o en camino de serlo (¡que nos incluye a todos!), ¿Qué ha aprendido de este estudio o sobre usted mismo? ¿Acerca de qué, sería bueno hablar con Dios en este momento?

Saber cómo envejecer es la obra maestra de la sabiduría y uno de los capítulos más difíciles del gran arte de vivir.

—Henri Frederic Amiel, escritor suizo del siglo diecinueve

Versículo para Memorizar

Así fue como el Señor les entregó a los israelitas todo el territorio que había prometido darles a sus antepasados; y el pueblo de Israel se estableció allí.

Josué 21:43

¡REPASE ESTO! Una Característica Destacable en Josué es la contribución del anciano Caleb.

Josué
[La Conquista de la Tierra]

REFLEXIÓN
El libro de Josué muestra muy pocos fracasos por parte de Israel y de sus líderes.

DÍA CINCO

Lectura Completa: Capítulos 21-24
Lectura Rápida: Capítulo 24

Un Principio Eterno

En Atenas, Grecia, un estudiante fue condenado a ocho meses de prisión a causa de casarse con dos mujeres en un período de cuarenta y ocho horas. Él apeló la sentencia y fue puesto en libertad en espera de un nuevo juicio. El tribunal escuchó que Petros Novaras, de veintinueve años, se casó con Vassiliki Chioti, el 24 de enero de 1971, en el pueblo central griego de Lamia. Ellos partieron en su coche para su luna de miel. Durante el trayecto hubo problemas con el motor y él devolvió a su esposa a Atenas en un autobús. Mientras tanto, él se fue a un suburbio de Atenas y se casó con una segunda mujer, de veintinueve años de edad, con la que continuó su luna de miel. Durante la audiencia, Petros testificó: "Ambas familias estaban ejerciendo una presión insoportable sobre mí, así que decidí tomar a ambas para no herir los sentimientos de nadie"[4]

Al pecado, Dios le llama adulterio del corazón. Pecado es a lo que usted le entrega su corazón en lugar de entregárselo a Dios.
—John Eldredge, autor[5]

Novaras no podía decidir entre las dos posibles esposas, por lo que las tomó a ambas. Seguramente él tenía que saber que esto nunca funcionaría, pero ganó la tentación de no tener que elegir a una; y su indecisión lo metió en grandes problemas.

Josué sabía que este mismo problema podría existir entre el pueblo que él lideraba, no en la elección de una esposa, pero si en ¡la elección de un dios! Él les dijo a sus seguidores: "Pero si a ustedes les parece mal servir al Señor, elijan ustedes mismos a quiénes van a servir: a los dioses que sirvieron sus antepasados al otro lado del río Éufrates, o a los dioses de los amorreos en cuya tierra ustedes ahora habitan. Por mi parte, mi familia y yo serviremos al SEÑOR" (Josué 24:15).

Había muchas opciones para el pueblo con respecto a los dioses. Los Cananeos todavía vivían en la tierra y ellos eran unas personas muy "religiosas". Los adornos y los lugares de su paganismo eran de fácil acceso y la presión era fuerte. Algunas de las personas estaban tratando de estar en los dos lados: adorando a Dios y adorando a otros dioses. Así, en una de las clásicas exhortaciones bíblicas, Josué, hombre de Dios, piadoso, experimentado espiritualmente, de 110 años de edad, hace el llamado a tomar una decisión: elegir a Dios o elegir a los dioses. El pueblo no podía tener a ambos.

DATO
Jericó era un centro de adoración a la luna.

Antes de poner la decisión delante del pueblo, Josué cita ampliamente a Dios en Josué 24:2-13. Resuma en una frase lo que Dios estaba diciendo al pueblo y luego explique por qué cree que Dios se dirigió al pueblo de esta manera, a través de Josué.

Posterior al reto de Josué para el pueblo, en Josué 24:15, un diálogo tomó lugar en los versículos 16-28: primero el pueblo habló . . . , luego Josué . . . , otra vez el pueblo . . . , a continuación Josué . . . , de nuevo el pueblo . . . y al final Josué. Describa lo que se dijo durante este diálogo y cuál fue el resultado final.

Cuando dejamos de adorar a Dios no es que no adoremos nada, es que adoramos cualquier cosa.
—G. K. CHESTERTON, crítico, periodista inglés y novelista de misterio

¿De qué manera puede usted identificarse con Josué en este diálogo?

Sus dioses eran ídolos, objetos de veneración tangibles y visibles. Nuestros ídolos pueden ser mucho más sutiles, alicientes intangibles e invisibles a la veneración. Un ídolo puede ser descrito como algo que nosotros demandamos a todo costo, o cualquier otra cosa que no es Dios y que usamos para hacer nuestras vidas exitosas. Puede que sea: la posición social, la aceptación, nuestras buenas obras, el placer, o el control. Pídale a Dios que le muestre en su propia vida, todo tipo de competencia con Él. Hable con Él acerca de la elección que usted enfrenta y sobre lo que hoy significa para usted mismo elegir a quién servirá. Luego explique lo que Él le reveló.

Es relativamente fácil esperar en Dios; pero esperarle sólo a Él, para sentir más allá de nuestras fuerzas, felicidad y conveniencia, como si todas las criaturas y segundas causas fueran aniquiladas y estuviéramos solos en el universo con Dios, es, sospecho, un logro raro y difícil.

—E. M. Bounds, escritor espiritual norteamericano

Versículo para Memorizar

Así fue como el Señor les entregó a los israelitas todo el territorio que había prometido darles a sus antepasados; y el pueblo de Israel se estableció allí.

Josué 21:43

REPASO

1. El tema de Josué es: la conquista y la población de la Tierra ____________________.

2. Nuestro Capítulo Crucial es el 1, ya que muestra la transición de Josué a la posición de liderazgo que había desempeñado ________________________.

3. En el libro ____________________ es un Personaje Importante, quien muestra un carácter fuerte y piadoso.

4. Una Característica Destacable en Josué, es la contribución del anciano ____________.

5. "Así fue como el SEÑOR les entregó a los israelitas todo el __________________ que había prometido darles a sus antepasados; y el pueblo de Israel se estableció allí."

JOSUÉ 21:_______

JUECES

[El Gobierno de los Jueces]

En aquella época no había rey en Israel;

cada uno hacía lo que le parecía mejor.

JUECES 21:25

INTRODUCCIÓN

Los israelitas habían sido enviados por Dios para que destruyeran totalmente a todos los habitantes de Canaán, a causa de sus grandes maldades; pero Israel dejó a unos pocos cananeos vivos en la tierra y esta desobediencia los llevó a su destrucción.

Después de la muerte de Josué y de todos los ancianos, las nuevas generaciones comenzaron a enamorarse de los cananeos y pronto adoraron a otros dioses. Aprenderemos que "cada uno hacía lo que le parecía mejor", causando el inicio de la desintegración de la fibra moral y espiritual en esa tierra; y una y otra vez Israel se encontraba de nuevo sometido al control de los enemigos; y una y otra vez de nuevo ellos clamaban a Dios; y una y otra vez Dios escuchaba su clamor y enviaba ayuda en la figura de los jueces. Estos jueces guiaron el pueblo a la victoria, pero la devoción del pueblo hacia Dios no duraba mucho tiempo, y pronto cada uno hacía lo que le parecía mejor; repitiéndose nuevamente el ciclo.

El libro de los Jueces termina en una de las épocas más oscuras en la historia de Israel; y determina el escenario para el período de los Reyes.

JUECES
[El Gobierno de los Jueces]

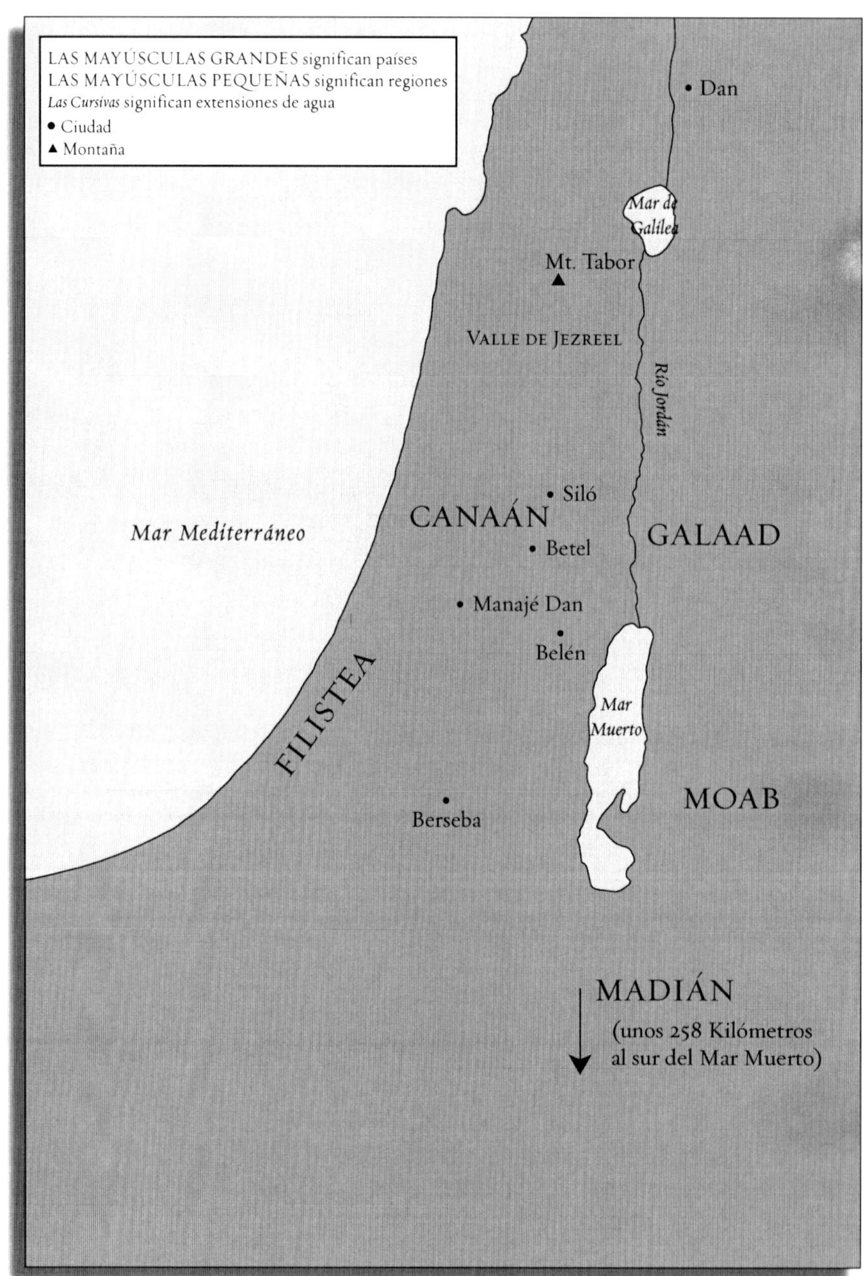

RESUMEN

¿Quién?	Autor: Anónimo (El Talmud sugiere a Samuel) Personajes Principales: los Jueces de Israel: Débora, Gedeón, Sansón
¿Qué?	Cada uno hacía lo que le parecía mejor
¿Cuándo?	1390-1050 a.C., Jueces cubre 340 años entre la conquista de la tierra y la monarquía en Israel
¿Dónde?	Israel
¿Por qué?	Muestra las consecuencias del pecado

I. Las Causas del Fracaso de Israel (Jueces 1-2)

A. Josué murió pero su piadosa influencia permaneció a través de los Ancianos sobrevivientes.

B. Los israelitas se rebelaron en contra de Dios y adoraron Ídolos.

C. Los ancianos murieron y las nuevas generaciones no conocían a Dios, ni la Obra que Él había hecho por Israel.

D. La mano de Dios estuvo en contra de los israelitas, y ellos fueron oprimidos y Disciplinados por otras naciones.

E. Los Ciclos del pecado siguieron este modelo: la Rebelión de Israel — el Rechazo de Dios — el Arrepentimiento de Israel — el Rescate por Dios — la Reconciliación con Israel.

F. Hay Siete ciclos del pecado en el libro de Jueces.

II. Los Ciclos del Fracaso de Israel (Jueces 3–16)

A. Aunque era mujer, Débora lideró una victoria para Israel en contra de Jabín, rey Cananeo.

1. Las mujeres fueron creadas de forma única para ser usadas por Dios de manera privilegiada.
2. Bajo el gobierno de Débora, Israel disfrutó de paz por Cuarenta años.

B. A pesar de ser un hombre de poca valentía, GEDEÓN lideró una victoria para Israel, en contra de los Madianitas.

1. Dios conoce quiénes somos y Él sabe en lo que nos podemos convertir.

2. Dios no está buscándome por mi capacidad, sino por mi disponibilidad.

3. Bajo el gobierno de Gedeón, Israel disfrutó de paz por CUARENTA años.

C. A pesar de su falta de dominio propio, SANSÓN destruyó a los gobernantes Filisteos.

1. Cuando se lo pedimos, Dios está siempre listo para olvidar.

2. Sansón gobernó a Israel por VEINTE años.

III. LAS CONSECUENCIAS DEL FRACASO DE ISRAEL

A. Cada uno de los israelitas hacía lo que le parecía MEJOR.

B. La mala conducta muestra la DEPRAVACIÓN del hombre sin Dios.

APLICACIÓN

La devoción de las generaciones pasadas no es garantía de la devoción de la presente generación.

Aprendiendo para La Vida

1. Comenzando con Josué, desarrolle las bases para el libro de Jueces (esfuerzo de grupo).
2. ¿Cuáles son las características de Débora que nos ayudan a ver por qué Dios escogió usarla de esta manera y con tan poderoso alcance?
3. ¿Cuál era el problema de Sansón?
   a. ¿Cómo se manifiesta este problema hoy en día?
   b. La nación padeció como resultado del problema de Sansón. ¿En qué formas sufre *nuestra* nación por este mismo problema?
4. ¿Por qué Gedeón necesitó un vellón de lana frente a Dios? ¿De acuerdo con la respuesta dada por Dios, qué le indica a usted acerca de Él?
5. ¿Quién va a ser el último juez de todos los hombres? (Vea Apocalipsis 19: 11-16).

JUECES
[El Gobierno de los Jueces]

¿SE DIO USTED CUENTA?
En Josué, Israel conquistó a siete naciones. En Jueces, Israel fue oprimido por siete naciones.

DÍA UNO

LECTURA COMPLETA: Capítulos 1-2
LECTURA RÁPIDA: Capítulos 1-2

LA ILUSTRACIÓN PRINCIPAL

En la Biblia, sólo se requiere doblar una página para pasar del libro de Josué al libro de Jueces, pero al hacerlo, uno abre la puerta a un mundo completamente diferente; un mundo que está en gran contraste con el que hemos dejado atrás.

Un versículo casi al finalizar Josué dice: "Durante toda la vida de Josué, el pueblo de Israel había servido al SEÑOR. Así sucedió también durante el tiempo en que estuvieron al frente de Israel los jefes que habían compartido el liderazgo con Josué y que sabían todo lo que el SEÑOR había hecho a favor de su pueblo" (24:31).

En contraste, en el capítulo segundo del libro de Jueces leemos que "También murió toda aquella generación y surgió otra que no conocía al Señor ni sabía lo que él había hecho por Israel" (versículo 10).

En sus propias palabras, describa de forma breve el contraste de las personas descritas en esos dos versículos.

¿Por qué es que el hombre no confiesa sus pecados? Porque aún está en medio de ellos. El que cuenta sus sueños, es el hombre que ha despertado de su somnolencia.

—SENECA, filósofo y escritor (3 a.C. - 65 d.C.)

Dos veces, en el libro de Jueces, leemos la afirmación: "Cada uno hacía lo que le parecía mejor." (17:6; 21:25). Donde cada uno hacía lo que le parecía mejor. Es difícil encontrar algo positivo en el libro de Jueces. Por esto, enfocamos el contenido del libro en relación al concepto del fracaso:

Causas del Fracaso		Ciclos del Fracaso		Consecuencias del Fracaso	
1:1	3:4	3:5	16:31	17:1	21:25

Investigaremos las causas del fracaso en el día dos y los ciclos del fracaso en el día cuatro. La tercera sección: las consecuencias del fracaso, contiene historias representativas de la idolatría e inmoralidad, que efectivamente tomaron lugar de forma cronológica durante la parte inicial del libro. Colocadas en el lugar en donde están, nos proporcionan una conclusión gráfica de la larga duración de los ciclos de pecado y fracaso.

Los eventos de este libro ocurrieron durante los siglos entre la muerte de Josué y la de los ancianos (cerca de 1390 a.C.) y la muerte de Sansón (cerca 1050 a.C.), alrededor de unos 340 años.

En escritos antiguos, era común titular un libro usando su primera palabra o frase; pero a causa del papel predominante de los jueces en este libro, *Jueces* fue escogido para el título.

Aunque la Biblia nunca dice quien escribió este libro, la evidencia que se encuentra en los detalles del libro señala a Samuel. La tradición judía también se lo atribuye. El libro de Jueces fue escrito aproximadamente en el año 1025 a.C., 25 años después de la muerte de Sansón. Samuel, a quien veremos de nuevo en el libro 1º de Samuel, fue un juez, un sacerdote, un profeta y un gran líder en la historia de Israel.

¿SABÍA USTED?
La primera parábola escrita en la Biblia se encuentra en Jueces 9:7-15.

Aquí en la presencia de Dios Todopoderoso, estoy silenciosamente de rodillas, con corazón penitente y obediente confieso mis pecados para que pueda obtener perdón por medio de Su infinita bondad y misericordia. Amén.

—-El Libro de Oraciones Comunes

Al leer esta semana sobre tanto fracaso, tristeza y tragedia, puede que usted sienta una amplia gama de emociones. Al darse cuenta de esas emociones, escríbalas brevemente en el espacio de abajo, junto con una referencia a la sección que estaba leyendo en ese momento. Puede que usted quiera empezar cada día rogando a Dios que le dé una humildad y sinceridad santa al leer sobre los pecados de otros.

En Él: el esclavizado encuentra la redención; el culpable el perdón y el profano la renovación. En Él: el débil encuentra la fuerza eterna; el necesitado, las riquezas incomprensibles; el ignorante, el tesoro de la sabiduría y del conocimiento; y el que está vacío, la plenitud. Todo esto lo tengo en Tu hijo, Jesús; bendito sea Su nombre.

—-Oración Puritana

Versículo para memorizar

En aquella época no había rey en Israel;
cada uno hacía lo que le parecía mejor.

JUECES 21:25

¡REPASE ESTO!
El tema de Jueces es que: cada uno hacía lo que le parecía mejor.

DÍA DOS

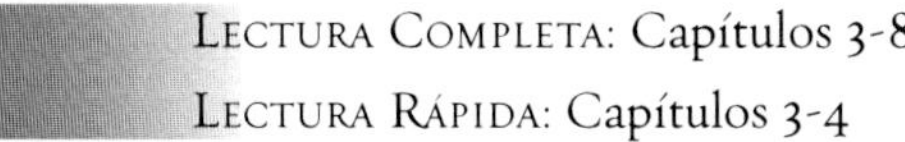
Lectura Completa: Capítulos 3-8
Lectura Rápida: Capítulos 3-4

Un Capítulo Crucial

> Aquí en la tierra nosotros somos caminantes, siempre caminando. Esto significa que necesitamos movernos hacia adelante. Por lo tanto, esté siempre inquieto en donde está si es que quiere llegar a donde no ha llegado. Si está satisfecho con lo que usted es, ya se ha parado. Si usted dice: "ya es suficiente", ya está perdido. Manténgase en movimiento, caminando hacia adelante, alcanzando la meta.
>
> —San Agustín de Hipona

Si solamente los israelitas hubieran creído y seguido esta verdad, pero no lo hicieron. La tarea de Josué era la de conquistar la tierra, y la de los israelitas la de ocuparla; Josué completó su tarea, ellos fallaron en hacer la suya.

Desde antes de entrar en la tierra, Dios dio instrucciones claras sobre lo que el pueblo debería hacer una vez que entraran. Lea Deuteronomio 7:1-5 y escriba lo que Dios ordenó que hicieran, y lo que les ordenó que evitaran hacer una vez que hubieran llegado.

¡WOW!
Sansón está en la compañía exclusiva de Isaac, en el sentido en que el nacimiento de ambos fue anunciado por el ángel del Señor.

¡Qué otra mazmorra es tan oscura como la del propio corazón! ¡Qué carcelero es tan implacable como lo somos nosotros mismos!

—Nathaniel Hawthorne, novelista y escritor de narraciones breves (1804–1864)

Lea los pasajes siguientes y describa lo que el pueblo hizo y lo que fracasó en hacer. Relate esas acciones de acuerdo a los mandamientos dados por Dios, que usted identificó en la pregunta anterior.

PIENSE ACERCA DE ESTO
El trágico final de la vida de Abimélec cumple con el principio de que "cosechamos lo que sembramos", que se encuentra en Gálatas 6:7

Jueces 1:21-33

Jueces 2:11-13

¿Es posible que un pecado se considere "pequeño", aun cuando todo pecado implica un cierto desprecio hacia Dios?
—EUCHERIUS, escritor espiritual sobre la ortodoxia occidental del siglo quince

Jueces 3:5-7

Como usted lo ha visto, el fracaso básico de los israelitas se indica en la frase, "no expulsaron" a los habitantes de esa tierra. Al permitir que muchos de ellos permanecieran, los israelitas dieron lugar a la tentación de casarse con gente de esa tierra y de dar brazos abiertos a la adoración de sus dioses. Lo que Dios les advirtió que sucedería si no obedecían, de hecho sucedió. Por siglos, estos dos problemas permanecieron en Israel y fueron definitivamente la razón por la cual Dios los mandó al cautiverio. Es por eso que el capítulo 1 es nuestro Capítulo Crucial.

Acerca de estos eventos en el Antiguo Testamento, Pablo escribió en 1ª de Corintios 10:11: "Todo eso les sucedió para servir de ejemplo y quedó escrito para advertencia nuestra, pues a nosotros nos ha llegado el fin de los tiempos". Del ejemplo del estudio de hoy, ¿Qué motivación personal está usted adquiriendo?

La rápida respuesta para el desmoronamiento moral es designar comités que elaboren nuevos códigos para guiar nuestra ética. Pero nosotros no fracasamos porque desconocemos los códigos, fracasamos porque carecemos de carácter.

—Lewis B. Smedes, autor y profesor en el Seminario Teológico Fuller

Versículo para memorizar

En aquella época no había rey en Israel; cada uno hacía lo que le parecía mejor.

Jueces 21:25

¡REPASE ESTO! Nuestro Capítulo Crucial es el 1, ya que describe el fracaso en expulsar a los habitantes de la tierra.

¿SABÍA USTED?
El período de los jueces fue casi tan largo como el período de la esclavitud en Egipto.

DÍA TRES

LECTURA COMPLETA: Capítulos 9-12
LECTURA RÁPIDA: Capítulos 8:33-10:22

UNA CARACTERÍSTICA DESTACABLE

Esta semana se invierte el orden de un Personaje Importante y una Característica Destacable. Así nuestro estudio del Personaje Importante será mucho más enriquecedor.

La frase "lo que se va, vuelve" es conocida por todos nosotros y cuando está asociada a los cumpleaños, las fiestas y las celebraciones, el ciclo puede traer gran regocijo. Puede ser fascinante cuando se refiere a la moda y a los estilos de peinados, pero cuando "lo que se va, vuelve" se refiere a tiempos de sequía o de tornados o al aniversario de un evento triste, puede ser muy tormentoso. Así ocurre con los siete ciclos del pecado a que se refiere el libro de Jueces. Lo que se fue, volvió.

El pecado es un poder en nuestras vidas por lo que debemos entender que sólo otro poder podrá enfrentarlo.
—HENRY DRUMMOND, científico, evangelista y autor del siglo diecinueve

Comenzando en el capítulo 3 y continuando hasta el 16, la Característica Destacable de Jueces está descrita en la sucesión de los siete ciclos, todos los cuales contienen los mismos elementos. Los personajes principales y el período de tiempo varían en cada ciclo, pero la secuencia de eventos es siempre la misma:

1. El pueblo busca y cae en pecado.
2. Dios disciplina a su pueblo usando el poder de enemigos extranjeros.
3. El pueblo clama a Dios por ayuda.
4. Dios provee un Juez que expulsa al enemigo.
5. Un período de calma predomina en el pueblo y en la

tierra hasta que caen en el pecado nuevamente y "lo que se va, vuelve", siete veces.

Complete los ciclos del uno al tres en la siguiente tabla, llenando los recuadros con el pasaje bíblico de Jueces que sea apropiado. Incluya nombres y los años transcurridos cuando se proporcionan. El cuarto ciclo es dado como un ejemplo para ver cómo los ciclos del uno al tres se verían una vez realizados.

Los Ciclos	1er Ciclo 3:7-11	2do Ciclo 3:12-30	3er Ciclo 4:1–5:31	4to Ciclo 6:1–8:32
La Rebelión del Pueblo				6:1
El Rechazo de Dios				Madián 7 años 6:1
El Arrepentimiento del Pueblo				6:6-7
Dios envía a un Salvador (Juez))				Gedeón 6:11–8:28
El Período de Calma				40 años 8:28

Aunque usted ha investigado sólo tres de los siete ciclos (el resto son semejantes o a veces peores), escriba lo que piensa en relación a las siguientes preguntas.

¿Qué pensó o sintió acerca de estas personas?

DATO GEOGRÁFICO
Los enemigos de los israelitas procedían de todos los puntos cardinales.

La venida del Señor está ligada a su promesa y no a nuestras obras o virtudes... Dios se nos acerca por su amor y no atraído por nuestra belleza. Él puede llegar en los momentos en que hemos hecho todas las cosas de manera errónea... cuando no hemos hecho nada... cuando hemos pecado.
—Carlo Carretto [1]

Lo que sea que debilite su entendimiento, lo que sea que impida la sensibilidad de su conciencia; lo que sea que aumente la autoridad de su cuerpo sobre su mente, lo que sea que se lleve su deleite en las cosas espirituales, sin importar lo inocente que esto sea, para usted, es pecado.

—Susanna Wesley, madre de John y Charles Wesley, pastores metodistas británicos

¿Qué pensamientos o sentimientos tuvo usted acerca de Dios?

Es común escuchar que al Dios del Antiguo Testamento se le describe como a un Dios de ira; en contraste con el del Nuevo Testamento, que es un Dios de gracia. Basándose en las acciones de Dios en la sección estudiada hoy, ¿cómo respondería usted a ese contraste?

¿Hay algo en su vida que se ajusta a la expresión "lo que se va, vuelve"? Sí es así, ¿qué le gustaría decirle a Dios acerca de eso, en este momento?

¡REPASE ESTO!
La sucesión de los siete ciclos en los que se dan los mismos eventos, es una Característica Destacable de los Jueces.

Versículo para memorizar

En aquella época no había rey en Israel;
cada uno hacía lo que le parecía mejor.

Jueces 21:25

Jueces
[El Gobierno de los Jueces]

DÍA CUATRO

Lectura Completa: Capítulos 13-16
Lectura Rápida: Capítulo 16

NOTA
Las jurisdicciones de algunos jueces se traslaparon porque, de ellos, no todos gobernaron el territorio completo.

Los Personajes Importantes

¿Cuándo oye la palabra "*juez*", qué pensamientos, palabras o imágenes vienen a su mente? Escríbalos en el espacio de abajo.

Para muchos de nosotros la respuesta sería: que es una persona en un traje negro, investido de autoridad y que puede presidir asuntos legales para garantizar que estos sean impartidos de forma correcta. Pero Los Personajes Principales del libro de Jueces fueron muy diferentes. Lea Jueces 2:11-19 y conteste las siguientes preguntas.

¿Cuáles eran algunas de las responsabilidades de los Jueces?

Poder eterno y altísimo, sálvame.
—Sacramentario Gelasiano

¿Cuál fue la relación entre los Jueces y Dios?

DATO
Por primera vez en la historia de Israel una mujer, Débora, desempeñó una posición de liderazgo.

¿Cómo era la relación entre los jueces y el pueblo?

El significado típico de la palabra *juicio* en hebreo es: "Tomar una decisión entre dos o más posibles opciones"[2] y es así como muchos de nosotros la definimos. Pero la palabra con ese significado se usa solo una vez en el libro de Jueces. León Wood le da un significado más amplio y especial a los juicios en el libro de Jueces:

> El significado único no excluye al más común, sino agrega a éste un concepto básico y más inclusivo. En pocas palabras, ese concepto es "Servir como líder". Este liderazgo no sólo incluía la tarea de decidir ciertos casos, especialmente cuando éstos involucraban problemas mayores, sino que también estaba concentrado en la ejecución de las tareas administrativas necesarias para el liderazgo.
>
> El liderazgo podía ser de naturaleza militar o civil. En realidad, éste fue claramente el caso de al menos seis de los jueces. De hecho, la actividad de servir definida por la palabra hebrea "safat" es aplicada al primer juez, Otoniel, en combinación con sus logros en el área militar; Jueces 3:10 dice, "se convirtió en caudillo de Israel y salió a la guerra . . ."
>
> Con más frecuencia, sin embargo, la palabra se usó cuando las obligaciones en mente eran de carácter civil . . . Desde ese punto de vista, cuando se usa esa misma palabra, estas obligaciones estaban asociadas a la supervisión general del pueblo en el área del territorio total en qué el juez servía.[3]

Sólo Tu voz, oh Dios, me puede hablar de gracia; sólo Tu poder, oh Hijo de Dios, puede borrar todos mis pecados.
—Horatius Bonar, predicador escocés, evangelista y escritor de himnos del siglo diecinueve

Los jueces, definidos de esta manera, funcionaron sólo en el período de Jueces, cerca de 340 años. El liderazgo de los jueces fue reemplazado por el reinado de los Reyes. De forma interesante, Samuel, el último juez, ungió a Saúl, el primer rey. Por lo tanto, el papel del juez como líder en Israel, a pesar de su corta duración en comparación, se coloca junto con los roles de profeta, sacerdote y rey- posiciones de orden divino que Dios usó para dar dirección a Su pueblo.

A pesar de que el período de los jueces fue oscuro en lo espiritual, hay algunos destellos de luz en las vidas individuales de algunos de los jueces. Lea Jueces 6:6-24 y escriba sus impresiones sobre Gedeón y su relación con Dios.

La fe en la habilidad de un líder es de escasa utilidad, a menos que esté siendo unida con la fe en su justicia.

—George W. Goethals, oficial e ingeniero de la armada norteamericana designado por Theodore Roosevelt para supervisar la construcción del Canal de Panamá.

Los jueces sin lugar a dudas tenían la gran responsabilidad de supervisar al pueblo de Dios. En cualquier generación, un liderazgo como éste confronta retos y dificultades. ¿En su vida, quién tiene ese papel? Haga una lista de estas personas por nombre.

Tome un tiempo ahora y ore por la protección espiritual, el esfuerzo, la sabiduría y la fidelidad de esos líderes que sirven a Dios en diferentes áreas.

Versículo para memorizar

En aquella época no había rey en Israel;
cada uno hacía lo que le parecía mejor.

Jueces 21:25

¡REPASE ESTO!
Los jueces son los Personajes Importantes en el libro de Jueces y cumplían con una gran cantidad de responsabilidades.

JUECES
[El Gobierno de los Jueces]

EVENTOS SIMULTÁNEOS
La primera expedición naval registrada se llevó a cabo durante el tiempo de los jueces.

DÍA CINCO

LECTURA COMPLETA: Capítulos 17-21
LECTURA RÁPIDA: Capítulo 2

UN PRINCIPIO ETERNO

¡De tal palo, tal astilla! ¡El árbol por sus frutos se conoce!

Ambas frases describen similitud evidente de un niño con sus padres. El niño puede ver, hablar, caminar o actuar igual que su mamá o papá. Y estos rasgos a veces incluso se traspasan a las generaciones futuras. Muchas veces un nieto se verá o tendrá los gestos de uno de los abuelos, que por supuesto, ¡es un punto de orgullo en la vida de un abuelo!

Pero hay una faceta de la vida que no se traspasa a través de los genes: Cada generación deberá tomar sus propias decisiones acerca de seguir a Dios. La devoción de una generación anterior no garantiza la devoción de la presente generación. Dios no tiene nietos.

El contraste entre el pueblo en Josué y el pueblo en Jueces ilustra este Principio Eterno con mucha claridad. Tenga en cuenta estas diferencias:

JOSUÉ	**JUECES**
Obediencia	Desobediencia
Fe	Incredulidad
Progreso	Decadencia
Unidad	Desunión
Gozo	Sufrimiento
Fidelidad	Infidelidad
Victoria	Derrota

Padre, estás lleno de compasión. Yo confío y encomiendo mi ser a Ti, a quien conozco, en quien soy y vivo. Sé Tú la meta de mi peregrinación y mi descanso por el camino.

—SAN AGUSTÍN DE HIPONA, autor cartaginés, y padre de la iglesia

Lea Josué 24:14-31 y luego responda las siguientes preguntas sobre las actitudes y condiciones espirituales de esa generación.

¿Qué tan grave cree usted que fueron? Explique.

IMPORTANTE
La adoración a Baal, introducida durante este período, siguió siendo un grave problema para el pueblo de Dios hasta el cautiverio por Babilonia, ochocientos años después.

¿Cuál fue la motivación de ellos para su fervor espiritual?

¿Qué parecían ellos saber acerca de Dios que les influyó?

¿Qué palabras o frases utilizaría usted para describirlos?

Ahora lea Jueces 2:6-23 y describa la condición y actitudes espirituales de esa generación al responder a las preguntas que siguen.

¡Oh eterna bondad! ¡Oh eterna misericordia! ¡Oh esperanza y refugio de los pecadores! ¡Oh generosidad inconmensurable! ¡Oh eterno e infinito Bien!¡Oh amante apasionado! ¡El lenguaje finito no puede expresar la emoción del alma que te anhela infinitamente!
—-Catalina de Siena, italiana del siglo catorce, mística, líder religiosa y santa

¿Cuáles fueron algunas de las debilidades espirituales más importantes en ellos?

¿Usted qué palabras utilizaría para indicar el contraste de ellos con la generación anterior?

Basándose en este pasaje, entre ellos y la generación anterior, ¿cuál diría usted que fue la diferencia fundamental que les llevó a rechazar a Dios?

Como padres, podemos entrenar a nuestros hijos en la devoción, podemos modelar para ellos un estilo de vida que honre a Dios, podemos orar por su bienestar espiritual, podemos enviarlos a todos los lugares adecuados con todas las influencias correctas. Podemos influir en nuestros hijos, pero no podemos controlar su caminar espiritual. De la misma manera, cada uno de nosotros debe responder de forma individual al llamado de Dios en nuestras vidas. No podemos recorrer las experiencias de nuestros padres y nuestros hijos, no podrán recorrer las nuestras.

A menudo la gente me pregunta si yo esperaba que mis hijos se convertirían en creyentes, a lo que generalmente yo contestaba: "El Evangelio es poderoso y atrayente y es el único que responde a las necesidades de la humanidad caída". Por lo tanto, yo confié que la Palabra de Dios sería el poder de Dios para la salvación de mis hijos. Pero esa expectativa estaba basada en el poder del Evangelio y su suficiencia para las necesidades humanas, no en una fórmula exacta para la producción de niños creyentes.

—Tedd Tripp, autor[4]

La verdad, retratada de manera tan gráfica en el libro de Jueces, ¿qué impacto le causa a usted? ¿Qué pensamientos le provoca? ¿Hay algo qué necesite hacer? ¿Existe algo que usted necesite para volverse a Dios en oración? Tómese su tiempo para responder de una manera que sea apropiada para usted.

Versículo para memorizar

En aquella época no había rey en Israel;
cada uno hacía lo que le parecía mejor.

Jueces 21:25

REPASO

1. El tema de los jueces es que: cada uno hacía lo que le parecía _______________.

2. Nuestro Capítulo Crucial es el 1, ya que describe el fracaso en expulsar a los _______________ de la tierra.

3. La sucesión de los siete _______________ en los que se dan los mismos eventos, es una Característica Destacable de los Jueces.

4. Los _______________ son los Personajes Importantes en el libro de Jueces y cumplían con una gran cantidad de responsabilidades.

5. "En aquella época no había _______________ en Israel; cada uno hacía lo que le parecía mejor."

JUECES 21:_______

RUT

[La Definición de Redención]

¡Alabado sea el Señor*,*

que no te ha dejado hoy sin un redentor!

Rut 4:14

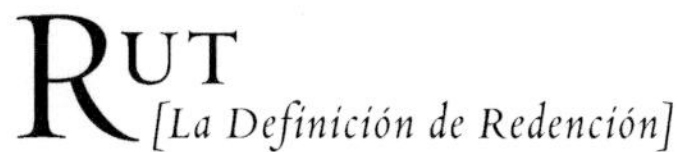

INTRODUCCIÓN

En el oscuro período al final de Jueces, el libro de Rut surge como un pequeño rayo de luz. Es una bella historia de amor, una ilustración de esperanza y lealtad, y una mirada encantadora al pariente redentor en la carne.

El libro de Rut refleja una luz sobre dos mujeres extraordinarias en medio de una nación que estaba desintegrándose espiritualmente. Al comenzar a leer encontramos a Rut y a Noemí viviendo en Moab. Después de la muerte de su marido y sus dos hijos, Noemí pensó que lo había perdido todo. Ella era una israelita viviendo en un territorio enemigo. Rut, la nuera de Noemí era gentil (una Moabita), a gusto en una sociedad sin Dios, una viuda que no estaba familiarizada con el Dios vivo, excepto a través de las historias de Noemí. Ambas mujeres tenían pocas esperanzas, sin embargo se aferraron a la pequeña posibilidad de que quizás Dios no las había abandonado.

Noemí volvió a Belén en Judá y Rut, por amor leal, la siguió. Las mujeres, con el corazón adolorido, se dan cuenta de que el Dios a quien ellas sirven no las ha abandonado. En Booz, Dios les provee un pariente redentor para rescatarlas y darles amor, alegría y seguridad. Este libro es un hermoso romance, en el cual, cada uno de los cuatro capítulos están llenos de lecciones para el día de hoy.

RUT
[La Definición de Redención]

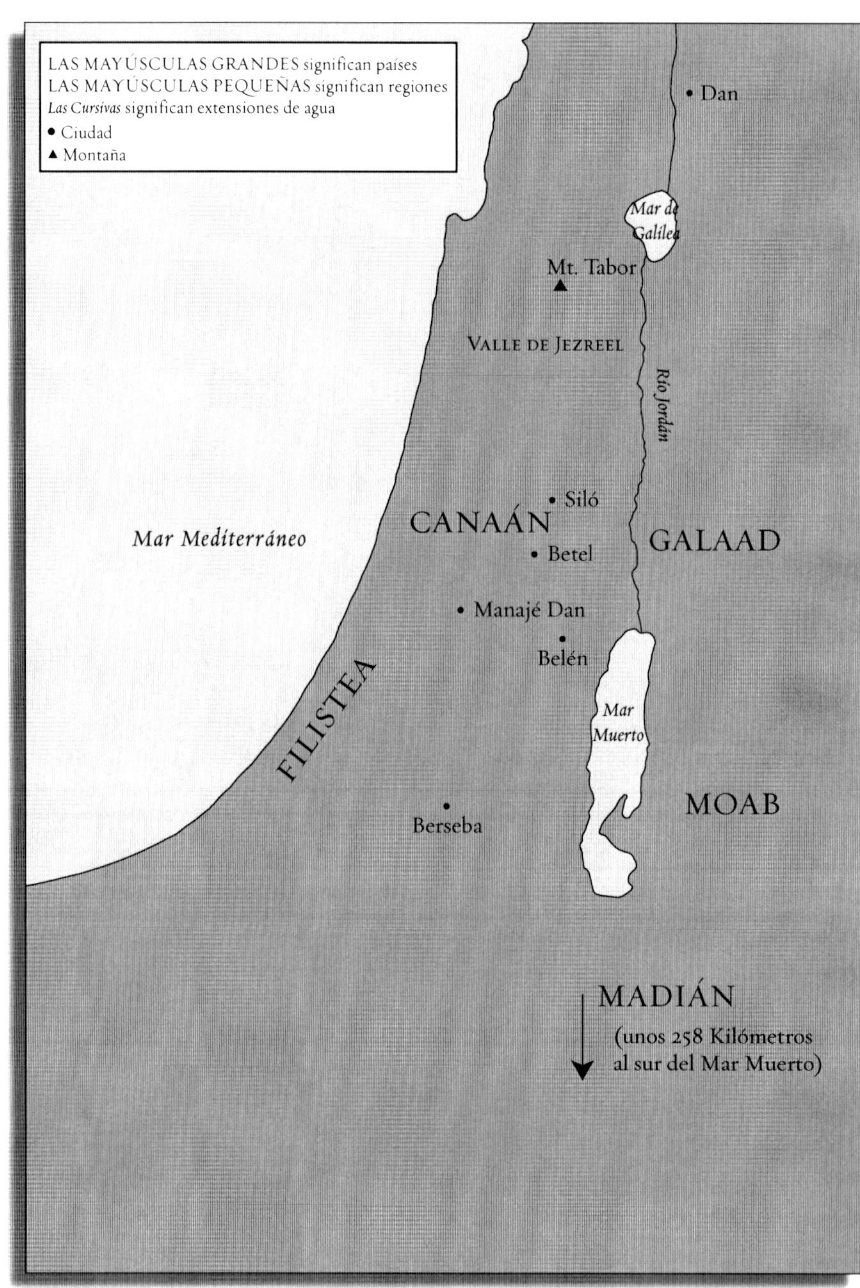

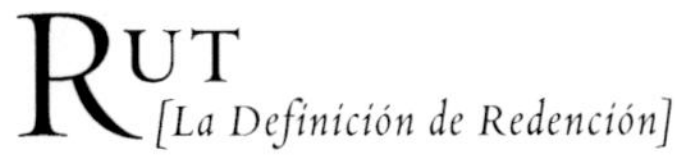

RUT
[La Definición de Redención]

RESUMEN

¿Quién? Autor: Se cree que fue el profeta Samuel
Personajes Principales: Rut, Noemí y Booz

¿Qué? Cumpliendo la ley del pariente redentor

¿Cuándo? En algún momento durante el tiempo de los jueces (1390-1050 a.C.), abarca cerca de 30 años.

¿Dónde? El libro comienza en la tierra pagana de Moab, y termina en el lugar de nacimiento de la redención: Belén, Israel.

¿Por Qué? Dios provee redención para toda la humanidad

I. La Pagana: Rut (Rut 1)

A. El Origen Histórico de Rut

1. Belén significa "La casa del PAN", sin embargo, en el tiempo de Rut, Belén estaba experimentando una época de hambre.
2. Elimélec significa "mi Dios es el REY."
3. Majlón significa "DÉBIL", y Quilión significa "enfermizo"
4. Noemí significa "DULCE" o "agradable".
5. Debido a la época de hambre, Elimélec llevó a su familia a Moab, un país que era ENEMIGO de Israel.

B. El Desamparo de Rut

1. Elimélec MURIÓ.
2. Majlón y Quilión se casaron con mujeres MOABITAS.
3. Majlón y Quilión MURIERON.

C. La única esperanza era un PARIENTE REDENTOR.

1. Pariente significa "familiar".
2. Redentor significa "volver a comprar" o "reclamar la pertenencia".
3. Los requisitos de un pariente redentor eran:
   a. Él debía ser un PARIENTE.

b. Él debía estar Capacitado para pagar el precio.

c. Él debía tener la Voluntad para reclamar su pertenencia.

D. Un destello de Esperanza para Rut.

1. Rut Comprometió su corazón y su vida a Dios y a Noemí.
2. Rut y Noemí regresan a Belén.
3. Noemí se cambia el nombre a "Mara" o "Amarga".

II. La Esperanza: Booz (Rut 2-3)

A. Rut comenzó a trabajar en el campo de Booz.

B. Booz ofrece proveer y proteger a Rut.

C. Booz se convierte en el Pariente Redentor de Rut.

1. Él era Pariente.
2. Él estaba Capacitado.
3. Él tenía la Voluntad.

D. Booz y Rut se casaron.

III. El Heredero: Obed (Rut 4)

A. Obed era el hijo de Rut y su nombre significa "siervo".

B. El hijo de Obed era Isaí.

C. Isaí fue el padre de David, que se convirtió en el rey de Israel.

D. David estaba en la línea de Jesucristo, el Rey de reyes y el Señor de señores.

E. Jesús es nuestro Pariente Redentor.

1. Él era Pariente.
2. Él estaba Capacitado para pagar el precio por nuestros pecados.
3. Él tenía la Voluntad.

Aplicación

Todos tenemos la necesidad y la esperanza de un Redentor.

Aprendiendo para La Vida

1. Empezando con el libro de Josué, trace la historia de Israel desde Josué hasta el libro de Rut (esfuerzo de grupo).
2. Booz era el pariente redentor de Rut. ¿Quién es nuestro Redentor? (Ver Gálatas 4:4-5).
3. ¿Cuáles son algunas de las características de Rut que la convierten en un ejemplo excelente para nosotros hoy?
4. ¿Cuál fue la evolución de la relación de Rut con su suegra Noemí?
5. ¿Qué lección del libro de Rut puede usted aplicar a su vida?

Rut
[La Definición de Redención]

EN BUENA COMPANÍA
Rut es una de las cuatro mujeres gentiles que se mencionan en la genealogía de Jesucristo.

DÍA UNO

Lectura Completa: Capítulos 1-4
Lectura Rápida: Capítulo 1

La Ilustración Principal

Rut es una de solamente dos mujeres a las que en la Biblia se les dedica un libro entero. La otra mujer es Ester y los contrastes entre sus libros son impresionantes, veamos:

Rut	Ester
Una gentil quien se casó con un judío	Una judía quien se casó con un gentil
El libro comienza con una época de hambre	El libro comienza con un banquete
El libro termina con el nacimiento de un bebé	El libro termina con la muerte de 75,000 personas
Ella se convierte en un antepasado del Mesías	Ella se convierte en una salvadora del pueblo del Mesías
Dios es mencionado 25 veces	Dios no es mencionado ni una sola vez

Si Cristo vive en nosotros, controlando nuestras personalidades, dejaremos marcas gloriosas en las vidas que tocamos. No por causa de nuestras personalidades agradables, sino por la de Él.
—Eugenia Price, autora del sur de los Estados Unidos, del siglo veinte

Aunque eran muy diferentes Rut y Ester fueron mujeres de gran fe, comprometidas con llevar a cabo la voluntad de Dios, sin importar las circunstancias, ni las posibles consecuencias.

Rut 1:1 establece la época de los eventos del libro de Rut: "En el tiempo en que los caudillos (jueces) gobernaban el país . . ." En los oscuros días de los jueces brilla este espacio único de amor y esperanza. Así como en los capítulos 17-21 de Jueces, se presentan algunas ilustraciones de lo terrible que eran las cosas en ese período; así, el libro de Rut está puesto como una ilustración de las pocas cosas buenas que sucedieron en ese tiempo. Daremos más atención al concepto de vivir bien en medio de tiempos malos cuando leamos el Principio Eterno en el Día Cinco.

DATO
Jueces trata acerca de una nación entera. Rut se trata solamente de una familia.

Ha sido muy difícil determinar quién fue el autor del libro, aunque muchos estudiosos de la materia creen como una especulación razonable que lo escribió Samuel. Los eventos del libro probablemente ocurrieron alrededor de 1140 a.C., durante el tiempo en que Gedeón servía como juez. A causa de la referencia a David que se hace en el último versículo del libro, su creación se estima acerca del año 1000 a.C., durante el reinado de David.

Como Rut es el personaje principal de la historia, la gráfica que sigue se enfoca en sus actividades dentro de la historia.

El Compromiso de Rut con Noemí	Rut es Presentada a Booz	La Petición de Rut a Booz	El Matrimonio de Rut con Booz
Capítulo 1	Capítulo 2	Capítulo 3	Capítulo 4

W. G. Scroggie escribe, "Rut es un idilio encantador, la historia de una amistad entre dos mujeres y el nacimiento de un bebé, el gran final para el cual todas las cosas han estado obrando"[1]. Esta cita del autor nos indica dos propósitos de este libro: el primero es la historia de una amistad afectuosa y verdadera; y el segundo es un vistazo a la genealogía de David (el bebé mencionado por Scroggie) y por lo tanto, a la genealogía de Jesucristo.

Dios no nos ama a nosotros porque somos valiosos. Somos valiosos porque Dios nos ama.
—Fulton J. Sheen, clérigo y evangelista norteamericano católico del siglo veinte

Adicionalmente, la fiel responsabilidad de Booz hacia Rut, al cumplir la ley del pariente redentor, que representa el amor redentor de Jesucristo por nosotros. Esto lo estudiaremos en el Día Cuatro como nuestra Característica Destacable. La importancia del pariente redentor en este libro también nos proporciona el tema: el cumplimiento de la ley del pariente redentor.

Al leer diariamente, trate de introducirse en los corazones de los protagonistas imaginando lo que podrían haber pensado y sentido. Basado en su primera lectura, ¿qué pensamiento le viene acerca de alguno de los protagonistas?

Dios nos guía paso a paso, de un evento a otro, y solamente después, al mirar hacia atrás sobre el camino que hemos recorrido y al reconsiderar en nuestras vidas ciertos momentos importantes . . . experimentamos la sensación de haber sido guiados sin saberlo; es decir, que Dios nos ha estado guiando de forma misteriosa y para que podamos entenderlo, tiene que transcurrir el tiempo.

—Paul Tournier, doctor y escritor del siglo veinte[2]

Versículo para Memorizar

¡Alabado sea el Señor, que no te ha dejado hoy sin un redentor!

Rut 4:14

¡REPASE ESTO!
El tema de Rut es: El cumplimiento de la ley del pariente redentor.

RUT
[La Definición de Redención]

DÍA DOS

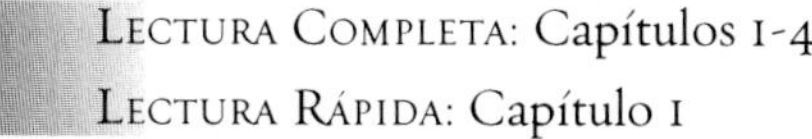
LECTURA COMPLETA: Capítulos 1-4
LECTURA RÁPIDA: Capítulo 1

¡INTERESANTE!
En Jueces, los extranjeros castigan a Israel. En Rut, una extranjera prefiere a Israel.

UN CAPÍTULO CRUCIAL

En 1860, el escritor norteamericano Ralph Waldo Emerson escribió "Los esfuerzos que hacemos para escapar de nuestro destino, sólo sirven para dirigirnos hacia este"[3]. Ninguna afirmación podría ser más verdadera en cuanto a Elimélec, el marido de Noemí y el suegro de Rut. En el capítulo 1, leemos que una época de hambre estaba azotando la tierra de Judá, y Elimélec, tratando de escapar de sus dificultades, trasladó su familia a la tierra de Moab. Pero hubo algunos problemas: primero, Moab era enemiga de Israel y la había invadido recientemente; segundo, Moab fue despreciada por Dios, y finalmente, Moab proveyó la tentación a los hijos de Elimélec de casarse con mujeres gentiles, lo cual estaba prohibido.

Warren Wiersbe, en uno de sus comentarios, escribe sobre Elimélec y su familia, y su idea de que podían escapar de la muerte al marcharse a Moab: "La familia había planeado una estadía temporal en Moab, pero al final, permanecieron allí por diez años (Rut 1:4). Al final de esa década de desobediencia, lo único que quedaba eran tres viudas solitarias y tres tumbas judías en una tierra pagana. Todo lo demás había desaparecido."[4]

Pero Dios era todavía Dios, y Él cambió esta historia de desastre a una de las más bellas historias de la Biblia, presentándonos un ejemplo completo acerca de la ley del pariente redentor, que se cumple cuando Booz se casa con Rut.

La Providencia, es el poder todopoderoso y omnipresente de Dios, por la cual Él mantiene, como con Su mano: el cielo, la tierra y todas las criaturas y gobierna de tal modo que . . . toda cosa nos viene a nosotros no por casualidad, sino de Su mano paternal.
—El Catecismo de Heidelberg

¿SABÍA USTED?
Los moabitas eran descendientes de Lot.

En este Capítulo Crucial, todas las partes se ponen en su lugar, lea los versículos 1-18 y haga una lista de todos los eventos que se tuvieron que cumplir para que esta historia culminara en el Capítulo 4 con la boda de Booz y Rut.

Concéntrese en los versículos 15-18, tome en cuenta el estigma atribuido a una moabita que se trasladaba a Judá, así como es descrito en Deuteronomio 23:3: "No podrán entrar en la asamblea del SEÑOR los amonitas ni los moabitas, ni ninguno de sus descendientes, hasta la décima generación". También considere lo que soportaron Noemí y Rut durante esos diez años que vivieron en Moab.

¿Con qué situaciones piensa usted que luchó Noemí?

Siempre llueve sobre mojado.

—Proverbio en español

Describa a lo que Rut tuvo que renunciar y lo que tuvo que soportar a causa de las decisiones que tomó.

La estadía temporal que la familia de Noemí pasó en Moab no salió como ella lo había planeado, y nunca podría haber imaginado lo que sucedería en esos diez años. Al mirar hacia atrás en su vida, describa un tiempo que haya sido similar, un tiempo cuando todo resultó muy diferente a lo que usted había planeado, ¿usted cómo lo enfrentó?

Pocos pueden prever adónde su camino los está llevando hasta que han llegado al final.

—J. R. R. Tolkien, profesor de inglés y autor de la trilogía: "El Señor de los Anillos"

En la próxima lección veremos cómo Noemí enfrentó su situación.

Versículo para Memorizar

¡Alabado sea el Señor, que no te ha dejado hoy sin un redentor!

Rut 4:14

¡REPASE ESTO! Nuestro Capítulo Crucial es el 1 porque nos prepara para el episodio del pariente redentor.

PIENSE ACERCA DE ESTO
Noemí significa "agradable". Rut significa "llena de gracia."

DÍA TRES

LECTURA COMPLETA: Capítulos 1–4
LECTURA RÁPIDA: Capítulo 2

UN PERSONAJE IMPORTANTE

George Mueller fue un famoso inglés, fundador de un orfanato en el siglo diecinueve. Una de las tribulaciones más grandes en su vida fue la muerte de su esposa, María, a causa de una fiebre reumática. Ellos llevaban casi cuarenta años de casados y Mueller tenía sesenta y cuatro años cuando ella murió. Poco después de su muerte, mientras él predicaba lo que llamó "el sermón fúnebre", eligió el texto del Salmo 119:68, que dice de Dios: "Tú eres bueno y haces el bien"

En su sermón, incluyó tres puntos:

La única fe que salva es la que se aferra a Dios para vida o para muerte.
—MARTÍN LUTERO, teólogo y reformador alemán del siglo dieciséis

1. El Señor fue bueno, e hizo bien en traerla a su vida.
2. El Señor fue bueno, e hizo bien en darles tantos años juntos.
3. El Señor fue bueno, e hizo bien en quitársela.

Durante la enfermedad de su esposa, él oró la siguiente oración:

> Sí, Padre mío, los días de mi esposa amada están en Vuestras manos, Vos haréis lo mejor para ella y para mí, bien si vive o muere. Si puede ser, levantad otra vez a mi preciosa esposa. Vos sois capaz de hacerlo, aunque ella esté tan enferma; como quiera que Vos lidiéis conmigo, solo ayudadme para continuar sintiéndome completamente satisfecho con Vuestra Santa Voluntad.[5]

Muchas veces, una prueba como la que Mueller enfrentó produce amargura y no confianza. El enfoque que Mueller puso en la bondad de Dios, le dio la fuerza para sobrellevar victoriosamente la situación.

Casi tres mil años antes, Noemí, sirviendo al mismo Dios que George Mueller, atravesó por una experiencia similar y quizás más intensa. Lea Rut 1:19-21 y escriba sus pensamientos sobre las siguientes preguntas en cuanto a Noemí, nuestro Personaje Importante, quien fue una mujer que luchaba contra las dificultades de la vida.

¡INTERESANTE! Incluso hoy en día, los granjeros árabes no recogen las cosechas que se producen en las esquinas de sus campos, dejándolas para los pobres y los extranjeros (lea Rut 2:3).

¿Cómo describiría usted la actitud de Noemí?

En los versículos previos, especialmente del 8 al 18, ¿qué detalles lee usted que le insinúan esta actitud?

Sin duda Rut también vio esta actitud en Noemí. ¿Qué pensamientos le vienen a la mente en relación con el compromiso de Rut hacia Noemí en los versículos 15 al 18?

He descendido a los abismos de la desesperación y he encontrado que tienen fondo.

—Thomas Hardy, novelista y poeta inglés del siglo diecinueve

Si usted hubiera sido una amiga de Noemí, dándole la bienvenida al regresar a Belén, y le oyera decir lo que dijo en los versículos 20 al 21, ¿qué le hubiera usted respondido?

¿En los siguientes pasajes, qué detalles observó usted sobre la actitud de Noemí?

Rut 2:17-23

La amistad es uno de los placeres más dulces de la vida. De no haber encontrado a un amigo durante sus tribulaciones, muchos habrían caído en estado de amargura.

—Charles Spurgeon, predicador británico del siglo diecinueve

Rut 4:13-17

Tome unos minutos para agradecer a Dios por Su gracia al tratar con usted, mientras usted ha lidiado o está lidiando con actitudes que no están a la altura de la santidad.

¡REPASE ESTO! Nuestro personaje importante es Noemí, por su lucha contra la amargura a la luz de las dificultades enfrentadas en su vida.

Versículo para Memorizar

¡Alabado sea el Señor, que no te ha dejado hoy sin un redentor!

Rut 4:14

RUT
[La Definición de Redención]

DÍA CUATRO

LECTURA COMPLETA: Capítulos 1-4
LECTURA RÁPIDA: Capítulo 4

¿SE DIO USTED CUENTA?
Las palabras: *redimir, comprar* y *adquirir* son usadas por lo menos 15 veces en el capítulo 4.

UNA CARACTERÍSTICA DESTACABLE

El libro de Rut como una representación de nuestra redención, no es una transacción legal o de negocios, sino por el contrario, es una bella historia de amor. Una gran ilustración para muchos de nosotros, que nos hemos acostumbrado a pensar en nuestra salvación como una transacción en la que Dios nos sacó de la esclavitud del pecado, porque Él sabía cuál era el precio justo que había que pagar. Todo esto es cierto:

- Nosotros éramos esclavos del pecado y de Satanás.
- Dios nos sacó de la esclavitud del pecado.
- El precio fue la sangre de Su Hijo único.

Pero además, la historia de Rut y Booz nos recuerda de nuevo que la base de la redención es el amor de Dios por nosotros. Como lo leemos en Juan 3:16 "Porque tanto amó Dios al mundo, que dio a Su Hijo unigénito". Por su amor a Rut, Booz redimió a ambas mujeres: a Noemí y sus propiedades, y a Rut. Al expresar ese amor, él cumplió con la ley del pariente redentor. La responsabilidad del pariente más cercano era la de redimir la propiedad que el familiar estaba siendo obligado a vender (Levítico 25:23-34) y la de casarse con la viuda que era pariente (en especial una cuñada, aunque a veces también un familiar más lejano), con el objeto de conservar la descendencia y la continuación del nombre del esposo fallecido. (Deuteronomio 25:5-10).

Oh Amor que no me dejas ir; mi alma cansada descansa en Ti.

—GEORGE MATHESON, teólogo y predicador escocés

REFLEXIÓN
La puerta de la ciudad solía ser un pequeño edificio con habitaciones abiertas para que el pueblo pudiera ver fácilmente lo que se estaba haciendo.[6]

Lea Rut 4:1-13 y describa en sus propias palabras como fue la secuencia de los eventos que tomaron lugar para que ocurriera esta relación de pariente redentor.

A nivel humano, esta ilustración es una visualización clara de lo que Jesús hizo por nosotros. Un pariente redentor tenía que cumplir con ciertos requisitos, antes de que se considerara adecuado para esta responsabilidad. Mire los versículos a continuación, relacionados tanto con Booz como con Jesucristo y escriba como ambos cumplieron con cada requerimiento:

	Booz	Jesús
Debía ser un pariente cercano.	Rut 2:1,3,20; 3:12-13	Juan 1:14 Filipenses 2:5-8 Hebreos 2:17
Debía tener la voluntad de redimir.	Rut 2:8; 3:11	Marcos 10:45 Lucas 19:10
Debía estar dispuesto a pagar el precio de la redención.	Rut 2:1; 4:9-10	1 Pedro 1:18-19 Hebreos 9:11-14

Jesucristo satisface todas las necesidades del hombre.
—Richard Halverson, ex capellán del Senado de los Estados Unidos

Jesús, nuestro Pariente Redentor, voluntariamente pasó a ser un pariente cercano, al convertirse en hombre y al pagar el precio de nuestra redención, por medio de Su muerte en la cruz. ¿Por qué? Porque Él nos amó profundamente. El mismo Jesús dijo: "Nadie tiene amor más grande que el dar la vida por sus amigos" (Juan 15:13).

Tómese el tiempo para escribir una breve oración de agradecimiento a su Pariente Redentor por el amor que Él demostró, cuando Él lo redimió.

Tú me has dado tanto. . . . Dame una cosa más: un corazón agradecido.

—GEORGE HERBERT, clérigo y poeta inglés

VERSÍCULO PARA MEMORIZAR

¡Alabado sea el SEÑOR, que no te ha dejado hoy sin un redentor!

RUT 4:14

¡REPASE ESTO!
La Característica Destacable del libro de Rut es el concepto del pariente redentor.

¡FÍJESE!
Rut 4:17 es la primera vez que mencionan a David en la Biblia.

DÍA CINCO

LECTURA COMPLETA: Capítulos 1-4
LECTURA RÁPIDA: Capítulo 4

UN PRINCIPIO ETERNO

- Los primeros cristianos que fueron arrojados a los leones a causa de su fe.
- Los reformistas que fueron quemados en una hoguera por rehusarse a negar a Jesucristo.
- Los ciudadanos a los que se les negaron derechos económicos comunes por aferrarse a sus creencias cristianas.
- Los empleados a los cuales no se les promovió porque se negaron a comprometer sus éticas morales.
- Los vecinos que son ignorados en una fiesta del vecindario porque son considerados "muy religiosos".

La luz, aunque pase por el aire contaminado, no se contamina.

—SAN AGUSTÍN DE HIPONA, *obispo del cuarto siglo en el Norte de África*

Todos estos son ejemplos de personas que se mantuvieron firmes en sus convicciones cristianas aún en medio de un mundo que iba en dirección opuesta. El apóstol Pablo lo expreso así: "No se amolden al mundo actual, sino sean transformados mediante la renovación de su mente." (Romanos 12:2)

En el libro de Rut, los personajes resplandecen como luces brillantes en medio de la oscuridad de su tiempo. Recuerde, Rut 1:1 que comienza diciendo: "En el tiempo en que los jueces gobernaban . . .". Y ya estudiamos en el libro de los Jueces cuán sombríos, oscuros y sin esperanza fueron aquellos días. Ahora que ha leído el libro de Rut, puede ver lo diferente que fue esta historia en comparación con la época en la que se llevó a cabo, "días en los que cada uno hacía lo que le parecía mejor".

Piense en los siguientes contrastes:

Jueces	**Rut**
Deslealtad	Lealtad
Infidelidad	Fidelidad
Odio	Amor
Desobediencia	Obediencia
Lujuria	Pureza
Crueldad	Bondad
Guerra	Paz
Campo de Batalla	Campo de Cosecha
Cielo Oscuro	Estrella Brillante

También considere el último versículo en Jueces: "En aquella época no había rey en Israel, cada uno hacía lo que le parecía mejor" (21:25); y el último versículo en Rut: "Obed, el padre de Isaí; e Isaí, el padre de David" (4:22). David era el rey que se describe como "un hombre conforme al Corazón de Dios".

Revise el libro de Rut y escriba brevemente qué es lo que usted ve que se refleja como una estrella brillante en un cielo muy oscuro.

¿SE DIO USTED CUENTA?
El libro de Jueces comenzó bien y terminó mal, mientras que el libro de Rut comenzó mal y terminó bien.

Las potestades son fuertes, pero Cristo es más fuerte todavía. La derrota de las potestades es segura. Nosotros vivimos en esa vida que vence al mundo.
—Richard Foster, autor[7]

La época en la que vivimos tiene muchos aspectos positivos y beneficiales, los cuales son bendiciones por las que debemos estar agradecidos con Dios; pero de igual manera encontramos muchos aspectos oscuros que nos desafían y tientan. ¿Cuáles son los retos más difíciles en su mundo? ¿Cómo le va en sus esfuerzos para enfrentarlos? Termine su tiempo de estudio con una oración apropiada para su situación.

Salvador poderoso y misericordioso, protégeme hoy de todo mal. Cuando esté débil, dame fuerza. Cuando me enfrente con alguna tentación, dame valor. Cuando esté desanimado, dame esperanza. En el nombre de Jesús quien "por haber sufrido Él mismo la tentación, puede socorrer a los que son tentados" (Hebreos 2:18). Amén.

—Eugene Peterson, pastor y autor[8]

Versículo para Memorizar

¡Alabado sea el Señor, que no te ha dejado hoy sin un redentor!

Rut 4:14

REPASO

1. El tema de Rut es: El cumplimiento de la ley del pariente ____________________ .

2. Nuestro Capítulo Crucial es el __________________ porque nos prepara para el episodio del pariente redentor.

3. Nuestro Personaje Importante es ______________________ , por su lucha contra la amargura, a la luz de las dificultades enfrentadas en su vida.

4. La Característica Destacable del libro de Rut es el concepto del _________________ redentor.

5. ¡Alabado sea el SEÑOR, que no te ha dejado hoy sin un ____________________ !

RUT 4:______

1 SAMUEL

[El Establecimiento de la Monarquía]

La gente se fija en las apariencias,

pero Yo me fijo en el corazón.

1 SAMUEL 16:7

I SAMUEL
[El Establecimiento de la Monarquía]

INTRODUCCIÓN

1 Samuel comienza cronológicamente donde el libro de Jueces termina. La nación estaba moralmente desintegrada e incluso los sacerdotes eran corruptos. Este libro ofrece una mirada al interior del establecimiento de la monarquía en Israel a través de la historia de tres hombres.

Samuel, quien fue dedicado a Dios desde su infancia y le sirvió a Él con pasión todos los días de su vida. Él fue profeta, juez y sacerdote. Cuando el pueblo exigió un rey, Samuel trató de disuadirlos y a pesar de sus intentos, el primer rey de Israel fue nombrado y el período de los jueces llegó a su fin.

Saúl, el primer rey de Israel, era un hombre complejo a quien Samuel ungió y trató de guiar en los caminos de Dios. En su juventud Saúl demostró un gran potencial, pero a medida que envejecía, se obsesionó con hacer las cosas a su manera y quiso controlar aquellas cosas que sólo podían ser controladas por Dios. Los celos de Saúl hacia el joven David, ocasionaron su deterioro mental y emocional, el cual con el tiempo condujo a Israel casi a la destrucción y ocasionó que el corazón de Saúl se apartara de Dios.

David, el segundo rey de la nación, también fue ungido por Samuel. David incluso desde su juventud mostró una fe y confianza extraordinaria en Dios. Su habilidad como pastor, guerrero y líder le ganó el amor y la devoción de su pueblo.

I Samuel
[El Establecimiento de la Monarquía]

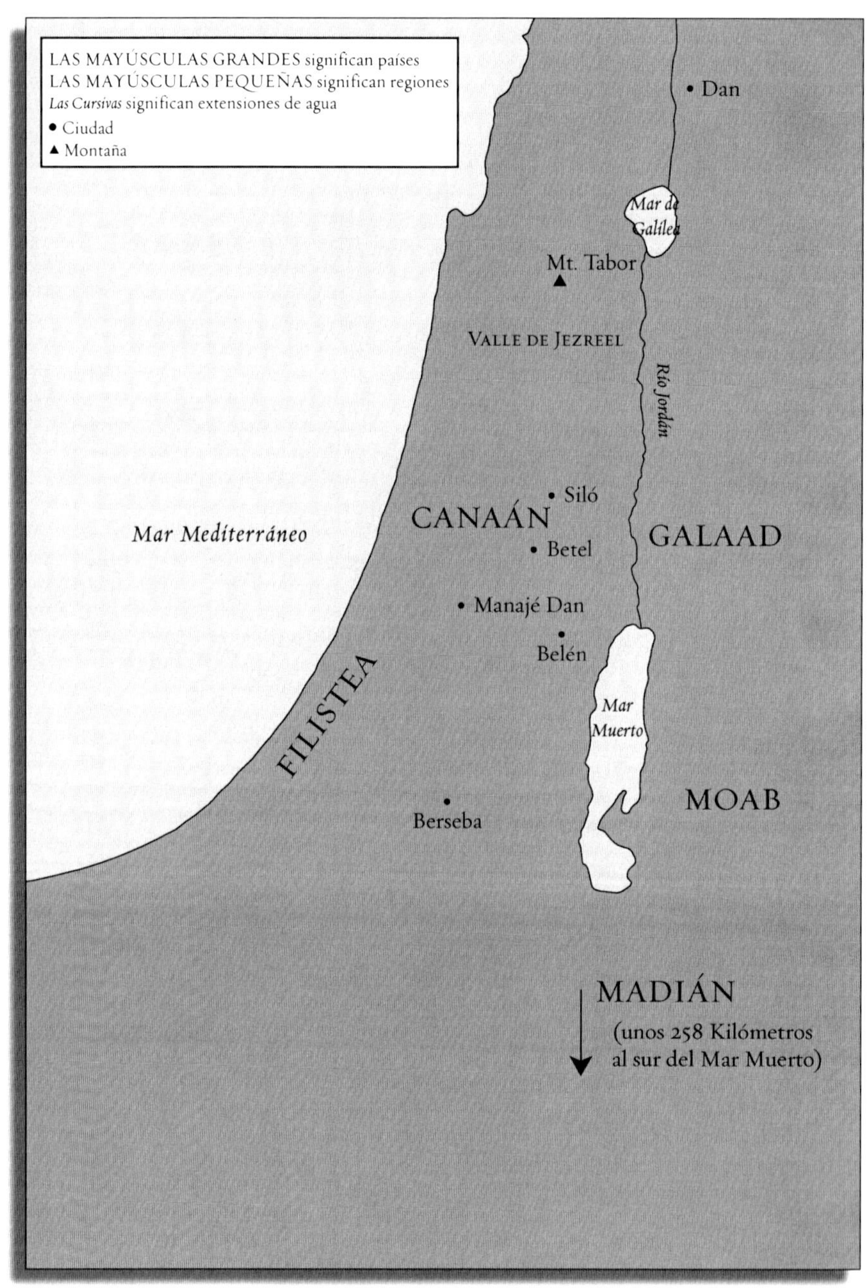

I Samuel
[El Establecimiento de la Monarquía]

RESUMEN

¿Quién?	Autor: Se cree fue Samuel Personajes Principales: Samuel, Saúl, David
¿Qué?	"¡Danos un Rey!"—Israel se convierte en una monarquía
¿Cuándo?	Abarca 94 años desde el nacimiento de Samuel, el último juez (1105 a.C.), hasta la muerte de Saúl, el primer rey (1011 a.C.).
¿Dónde?	Canaán
¿Por qué?	La teocracia de Israel se convierte en una monarquía cuando el pueblo demanda un rey.

I. La Vida de Samuel (1 Samuel 1-8)

A. Ana confió en Dios y Él le dio un hijo, Samuel.

B. Elí, el sacerdote infiel, crio a Samuel desde que dejó de ser amamantado.

C. Los oficios de Samuel incluían:

1. En Israel él fue el último y más eficaz JUEZ.
2. En Israel él fue el primer PROFETA.
3. Él sirvió como SACERDOTE.

D. Él fue elegido por Dios para estos oficios.

E. Él buscó la orientación de Dios toda su vida mediante la oración.

II. El Reinado de Saúl (1 Samuel 9-15)

A. Saúl fue el PRIMER rey de Israel.

B. Saúl fue ungido por Samuel, pero elegido por los HOMBRES.

C. Saúl fue descalificado por Dios por su INFIDELIDAD.

D. El buscó el consejo de una ADIVINADORA y no el de Dios.

E. Saúl MURIÓ después de cuarenta años como rey de Israel.

III. La Fidelidad de David, el Rey Escogido por Dios (1 Samuel 16-31)

A. David fue ungido como rey ELECTO de Israel.

B. Él fue ungido por Samuel pero escogido por DIOS.

C. Él estaba capacitado para ser rey por su FIDELIDAD.

D. David buscó a DIOS y vivió.

E. David confió en Dios y mató a Goliat, el GIGANTE Filisteo.

F. Había un conflicto continuo entre el rey de los HUMANOS, Saúl y el rey escogido por DIOS, David.

G. David tenía un pacto de amistad con Jonatán, el hijo de Saúl.

Aplicación

Jesús es el Rey de reyes. ¿Es Jesús quién reina como Rey en su vida, o está usted exigiendo otro rey?

I Samuel
[El Establecimiento de la Monarquía]

Aprendiendo para La Vida

1. Empezando con el libro de Josué, elabore un resumen general de la historia de Israel (esfuerzo de grupo).
2. El pueblo de Israel exigió un rey. ¿Cuál fue la razón? ¿Cuáles son algunas de las cosas que Dios les dijo que sucederían si ellos tenían un rey? (Ver 1 Samuel 8:11-18).
3. ¿Está siendo usted gobernado por un rey? ¿Cuál es su nombre? (Ver Zacarías 9:9; Mateo 21:1-5).
4. ¿Cuáles son algunos de los errores que Saúl cometió como rey? ¿Qué debilidades en su carácter vemos por medio de sus acciones?
5. Describa cada uno de los siguientes personajes: Samuel, Saúl, Jonatán y David. Diga como encajan en el libro de 1 Samuel y explique cuál era su relación con Dios.

I Samuel
[El Establecimiento de la Monarquía]

¿SABÍA USTED?
En culturas del Oriente Cercano, el no tener hijos era una situación vergonzosa para una mujer, porque el tener y el criar hijos era crucial para la fuerza de trabajo y la economía.

DÍA UNO

Lectura Completa: Capítulos 1-7
Lectura Rápida: Capítulos 1-3

La Ilustración Principal

"No hay nada mejor que lo ajeno".

Nosotros conocemos esta frase famosa que habla del descontento de la naturaleza humana. De muchas maneras, nunca estamos satisfechos y pensamos que a otros les va mejor que a nosotros. Pero aunque la lógica nos dice que todo el mundo se siente así, algo en lo profundo de nuestros corazones continúa creyendo que no hay nada mejor que lo ajeno.

Los israelitas, individualmente como personas y colectivamente como una nación, no eran diferentes de lo que somos hoy. En el libro de 1 Samuel, Israel miró a su alrededor y vio que otras naciones tenían algo que ellos no tenían y lo quisieron tener.

La codicia es una pasión autodestructiva, un anhelo que nunca se satisface, incluso cuando ya se posee lo que se ha anhelado.
—John Stott, autor y líder Cristiano

Como resultado, el libro de 1 Samuel describe un tiempo de transición en la vida del pueblo elegido de Dios, la nación de Israel. Hasta este momento, habían sido una teocracia, directamente bajo las reglas de Dios. Pero en 1 Samuel, veremos en nuestro Capítulo Crucial que ellos pidieron que Dios les diera un rey como lo tenían las otras naciones. Esto los llevó de una teocracia a una monarquía y la transición les fue más difícil de lo que ellos podrían haber imaginado.

Originalmente, los libros 1 y 2 de Samuel eran un solo libro conocido como el libro de Samuel, o simplemente: Samuel. Éste fue dividido en dos libros cuando la Septuaginta (la traducción griega del Antiguo Testamento) fue escrita en el segundo o tercer siglo a.C.

No se sabe con certeza quién fue el autor de este libro. Aunque el libro lleva el nombre de Samuel, él no podría haberlo escrito en su totalidad, porque el capítulo 25 registra su muerte. Es más probable que él contribuyó con las primeras partes del libro y que otros lo terminaron. El libro cubre un período de 94 años, desde el nacimiento de Samuel, alrededor de 1105 a.C., hasta la muerte de Saúl en 1011 a.C. Samuel murió en 1015 a.C. a los noventa años de edad.

El libro 1 Samuel se puede dividir en tres partes principales:

Samuel: El Último Juez	Saúl: El Primer Rey	Saúl y David: El Primer Rey y El Rey Electo
1 — 8	9 — 15	16 — 31

Como muestra la gráfica, los tres personajes principales del libro son: Samuel, Saúl y David. La Lectura Rápida para hoy registra el nacimiento y el desarrollo temprano de Samuel, uno de los personajes más significativos del Antiguo Testamento. Anote sus pensamientos o alguna reflexión que usted descubrió sobre Samuel en su lectura de hoy.

IMPORTANTE
Mientras usted lee la oración de Ana, recuerde que el no tener hijos en las culturas del Oriente Cercano también se consideraba una marca del juicio divino.

La mayoría del tiempo, pasamos nuestras vidas conjugando tres verbos: querer, tener y hacer. Anhelando, aferrándonos y preocupándonos, nos mantenemos en un estado de malestar perpetuo; olvidando que por último, ninguno de estos verbos tiene ningún significado; ya que la esencia de una vida espiritual no es desear, tener y hacer, sino ser.

—Evelyn Underhill, escritora inglesa prolífica sobre la vida espiritual

Los tres personajes principales en el drama llamado 1 Samuel, tendrán mucho que enseñarnos sobre lo que es carácter (positivo y negativo). Mientras usted lee esta semana, preste atención a estas observaciones importantes.

Tú y solamente Tú, primero en mi corazón, Alto Rey del cielo, mi tesoro eres Tú.

—antiguo himno irlandés[1]

¡REPASE ESTO!
El tema de 1 Samuel es "¡Danos un Rey!" Israel se convierte en una monarquía.

Versículo para Memorizar

La gente se fija en las apariencias, pero yo me fijo en el corazón.

1 Samuel 16:7

I Samuel
[El Establecimiento de la Monarquía]

DÍA DOS

Lectura Completa: Capítulos 8-13
Lectura Rápida: Capítulo 8

NOTA
En la Biblia, en 1 Samuel 1:3 es donde se encuentra por primera vez la frase "Señor Todopoderoso".

Un Capítulo Crucial

Todos los padres, en cierta ocasión, advierten a sus hijos pequeños que no deben tocar algo cuando está caliente. Sin embargo, casi todos los niños, aun habiendo sido advertidos, terminan tocándolo y descubriendo por sí mismos que sí quema.

En 1 Samuel 8, nuestro Capítulo Crucial, vemos un encuentro similar, el pueblo se había frustrado con el mal liderazgo y tenían celos de las naciones a su alrededor, así que pidieron un rey que los gobernara. Samuel les advirtió que se arrepentirían. Un rey no les traería lo que esperaban, pero ellos lo exigieron de todos modos y se arrepintieron.

Lea 1 Samuel 8:1-9, la primera escena de este drama y resuma con sus propias palabras lo que ocurre aquí.

Lo que pensamos que ya sabemos, es lo que evita que aprendamos.
—Claude Bernard, fisiólogo francés del siglo diecinueve

Lea la segunda escena de este drama, versículos 10-18 y describa los elementos de la advertencia que hizo Samuel al pueblo para disuadirles de su deseo de tener un rey.

¡FÍJESE!
Originalmente, a los profetas se les llamaba "videntes" (véase 1 Samuel 9:9)

Trate de describir en una oración, el tipo de ambiente que un rey crearía para el pueblo.

Lea los versículos 19-22, la tercera escena de este drama y describa, con sus propias palabras, las emociones que deben haber sentido los siguientes personajes del drama:

El pueblo:

La verdad meramente dicha, se olvida rápidamente; la verdad descubierta, dura la vida entera.

—William Barclay, jurista escocés del siglo dieciséis

Samuel:

El Señor:

De este punto en adelante, todo cambió para el pueblo. Muchas de las advertencias de lo que "podría ser" se convirtieron en realidad. Con el tiempo y a causa de los grandes pecados que cometieron el rey y el pueblo, que siguió su ejemplo, la nación sufrió la disciplina de Dios cuando Él utilizó una nación extranjera para que la llevara al cautiverio. El pueblo pensó que lo que anhelaban era correcto y que sería lo mejor para ellos, pero no lo fue. Ellos no prestaron atención a la advertencia.

¿Se ha arrepentido usted al hacer algo que ya sabía de antemano que le causaría dolor y dificultades? Descríbalo brevemente.

El Evangelio tiene vida propia y cumple su trabajo de manera lenta y constante, cueste lo que cueste.

—Philip Yancey, autor[2]

Teniendo en cuenta que Dios dispone de todas las cosas para el bien de quienes lo aman (lea Romanos 8:28), ¿Qué ventaja sacó usted de esa experiencia negativa? (ejemplos pueden ser: un enriquecimiento de carácter, una visión más amplia de Dios, o un mejor entendimiento de sí mismo).

Versículo para Memorizar

La gente se fija en las apariencias, pero yo me fijo en el corazón.

1 Samuel 16:7

¡REPASE ESTO!
El capítulo 8 es el Capítulo Crucial, porque es el puente que mueve a Israel de una teocracia a una monarquía.

¿SABÍA USTED?
Los nombres extraños pero conocidos de Ebenezer e Icabod aparecen en 1 Samuel (7:12 y 4:21).

DÍA TRES

LECTURA COMPLETA: Capítulos 14-19
LECTURA RÁPIDA: Capítulos 9-11

UN PERSONAJE IMPORTANTE (PARTE 1)

Cada año durante el tiempo de graduación, todos nos preguntamos y especulamos cuál de todos los graduados, será el que tendrá más posibilidades de éxito. También sería interesante saber, de los que creemos que tendrán éxito, cuáles no lo obtendrán. Probablemente nos sorprendería con cuánta frecuencia nos equivocamos.

Es fácil *lucir* triunfador en el principio. Es completamente diferente ser exitoso al final.

Las dos cosas más difíciles de manejar en la vida son: el fracaso y el éxito.
—Desconocido

Al principio, Saúl, el primer rey de Israel, lucía muy bien. Tenía la estampa del éxito, los logros y la victoria. En el estudio de hoy, vamos a observar la promesa de su éxito; y mañana, vamos a estudiar el resto de la historia de Saúl, donde nos daremos cuenta de que él nunca realizó todo su potencial.

Lea 1 Samuel 9:1-10 y enumere acerca de Saúl, todos los rasgos positivos (físicos, emocionales y de actitud) que usted pueda encontrar y si lo desea, explique cómo se evidencian.

¿Qué le impresiona de Saúl en 1 Samuel 9:18-21?

¿En 1 Samuel 10: 1-13, cómo se pone en evidencia el potencial de Saúl?

¡INTERESANTE!
En 1 Samuel 10:24 ocurre el primer uso bíblico de la expresión: "¡Viva el Rey!"

De nuevo, en 1 Samuel 10:17-24. Saúl muestra rasgos de carácter que dan una esperanza significativa de que él sería un rey exitoso. ¿Qué rasgos ve usted en estos versículos?

Finalmente, en 1 Samuel 11:1-15. Saúl muestra cualidades adicionales que son admirables. Describa lo que usted ve en este pasaje.

Cuando usted junta todo lo que ha aprendido de Saúl, ¿cómo lo describiría y qué oportunidades de éxito le adjudicaría?

No es asunto suyo el triunfar sino el hacer el bien; y sí así lo ha hecho, el resto déjeselo a Dios.

—C. S. Lewis, autor[3]

¿Qué características positivas ve en usted mismo, que prometen un potencial que aún puede ser aprovechado? Después de enumerarlas, agradezca a Dios por ellas y pídale a Él que tome los frutos que usted le pueda ofrecer a través de esas cualidades suyas.

Cuando falle, no deje que Satanás le tiente a sentirse desalentado, más bien acérquese y entréguese a Cristo. La fe y el arrepentimiento no son un acto de una sola vez. Usted debe vivir toda su vida creyendo y arrepintiéndose.

—Richard Sibbes, predicador puritano del siglo diecisiete

¡REPASE ESTO! Saúl es un Personaje Importante porque tenía todas las características de un gran Rey.

Versículo para Memorizar

La gente se fija en las apariencias, pero yo me fijo en el corazón.

1 Samuel 16:7

Día Cuatro

Lectura Completa: Capítulos 20-25
Lectura Rápida: Capítulos 13 y 15

¡INTERESANTE!
Muchos estudiosos creen que Samuel fundó una escuela de profetas (1 Samuel 10:5; 19:20).

Un Personaje Importante (Parte 2)

En las minas de diamante en Sudáfrica, a menudo se encuentra una sustancia que es mitad carbón y mitad diamante. Por una razón desconocida, esta sustancia no llega a completar su propósito. Nunca estará en la corona de un rey o en el anillo de una novia, porque en su estado de desarrollo, la sustancia no llegó a convertirse en lo que podría haber sido.

Examine 1 Samuel 15:1-23. ¿Qué pecados ve usted en este pasaje que descalifican a Saúl de su privilegiada posición?

Los hombres siempre son capaces de cosas más grandes de las que ejecutan. Ellos son enviados al mundo con gran cantidad de dones, pero rara vez hacen uso de éstos.
—Horace Walpole, autor británico del siglo dieciocho

En 1 Samuel 28:3-19 se describe mucho más acerca de la desintegración del carácter de Saúl. ¿Describa lo qué Saúl hizo y por qué lo hizo?

¡FÍJESE!
El primer capítulo de 1 Samuel y el último de 2 Samuel se concentran en la oración.

En forma breve, escriba abajo las palabras o frases que usaría para describir lo que ha aprendido de Saúl en su estudio de hoy.

Cuando compara al Saúl del estudio de ayer con él del estudio de hoy, ¿qué pensamientos y sentimientos le vienen a la mente?

Nuestro mayor deseo es alguien que pueda inspirarnos a ser lo que sabemos que podemos llegar a ser.
—Ralph Waldo Emerson, ensayista y poeta norteamericano del siglo diecinueve

¿Conoce usted a un Saúl moderno, a una persona que tenía promesas extraordinarias pero que nunca se convirtió en todo lo que él o ella podían haberse convertido? En forma breve describa la situación de esa persona.

Al igual que Saúl, ¿sería posible qué tenga usted áreas en su vida, que son mitad carbón y mitad diamante, áreas que nunca lograrán desarrollar su potencial completo a menos que le pida a Dios que intervenga? ¿Se arrepentiría usted de lo que sea que lo está reteniendo y le pediría a Él que le perdonara sus deficiencias y que repare las áreas de su vida en Su tiempo y a Su manera?

Si me dejas solo, no podré obrar de manera diferente. Eres Tú quien debe impedir mi caída y reparar lo que está mal.

—El Hermano Lorenzo, monje carmelita francés del siglo diecisiete

Versículo para Memorizar

La gente se fija en las apariencias, pero yo me fijo en el corazón.

1 Samuel 16:7

¡REPASE ESTO!
Saúl fue un Personaje Importante porque sus debilidades superaron sus virtudes y lo condujeron a pecar y a la pérdida de su realeza.

I SAMUEL
[El Establecimiento de la Monarquía]

¡MARAVILLOSO!
La palabra *corazón,* en referencia a la vida interior, se menciona más de ochocientas veces en la Biblia.

DÍA CINCO

LECTURA COMPLETA: Capítulos 26-31
LECTURA RÁPIDA: Capítulo 16:1-13

A TIMELESS PRINCIPLE

> Por sobre todas las cosas cuida tu *corazón*, porque de él mana la vida.
>
> —PROVERBIOS 4:23

> En el agua se refleja el rostro, y en el *corazón* se refleja la persona.
>
> —PROVERBIOS 27:19

> Nada hay tan engañoso como el *corazón*. No tiene remedio. ¿Quién puede comprenderlo?
>
> —JEREMÍAS 17:9

> Porque del *corazón* salen los malos pensamientos, los homicidios, los adulterios, la inmoralidad sexual, los robos, los falsos testimonios y las calumnias.
>
> —MATEO 15:19

> Ama al Señor tu Dios con todo tu *corazón*, con todo tu ser y con toda tu mente.
>
> —MATEO 22:37

> Que su belleza sea más bien la incorruptible, la que procede de lo íntimo del *corazón* y consiste en un espíritu suave y apacible. Esta si tiene mucho valor delante de Dios.
>
> —1 PEDRO 3:4

Lo que queda detrás y lo que está ante nosotros, son cosas pequeñas comparadas con lo que está dentro de nosotros.

—RALPH WALDO EMERSON, escritor y poeta norteamericano del siglo diecinueve

Nuestro Principio Eterno: "La gente se fija en las apariencias, pero Yo me fijo en el corazón", está tomado del Versículo para

Memorizar de 1 Samuel 16:7. Es un versículo poderoso y lo es más, cuando lo leemos en compañía de los versículos anteriores (todas las cursivas para énfasis del autor).

IMPORTANTE
Dios llamó a David "Un hombre conforme a Mi corazón" (Hechos 13:22).

Sin ahondar en todos los matices teológicos de la naturaleza del hombre, es seguro decir que nuestro corazón es el centro de control de nuestra vida. Es el núcleo de nuestro ser, nuestra alma y nuestro carácter. Es la cabecera de nuestras motivaciones y comportamientos. Es la fuente de nuestras: ideas, creencias, sentimientos, hábitos, tendencias, acciones, perspectivas y opciones; es sorprendentemente complejo, sutil y siempre tortuoso, y nos engañamos si pensamos que lo hemos dominado.

Incluso autores seculares como Kevin Cashman escriben: "Creo que la razón por la que la mayoría de la gente piensa que se conocen bien a sí mismos, es que su experiencia de su mundo interior se restringe a límites muy estrechos"[4]. Parker Palmer dice: "Nos gusta hablar sobre el mundo exterior como si fuera infinitamente complejo y exigente, pero es un juego de niños comparado con el laberinto de nuestra vida interior"[5]

Es esta vida interior, el núcleo de nuestro ser (nuestro corazón), lo que Dios ve. Nosotros lo vemos a veces, nuestros amigos lo ven a veces, pero Dios lo ve siempre y Su deseo para nosotros, es que con Su ayuda, lo guardemos con mucho cuidado.

Considere este pensamiento de Dallas Willard, que escribe:

> "La revolución de Jesús es, primordial y continuamente, una revolución del corazón humano o del espíritu". No tuvo ni tiene origen a través de la formación de instituciones sociales, ni de leyes: las formas externas de nuestra existencia, que pretenden imponer un buen orden en la vida de las personas que están bajo su poder. En cambio, su revolución es una de *carácter*, la cual se produce al cambiar el interior de las personas mediante la relación personal y continua con Dios en Cristo; y para los unos con los otros . . . los arreglos de orden social y externo, pueden ser de utilidad para este fin, pero no son la meta, sino una parte fundamental de los medios.[6]

Nunca digas que sabes la última palabra acerca de cualquier corazón humano.

—Henry James, novelista norteamericano y crítico literario

A la luz de lo que ha leído en los últimos minutos, responda a las preguntas siguientes.

Acerca de su propio corazón, ¿qué cree usted que comparten Dios, usted mismo y otras personas?

Acerca de su propio corazón, ¿Qué es lo que sólo Dios y usted conocen?

¿Qué es lo que usted siente que Dios sabe acerca de su corazón, que usted solo entiende de forma vaga o tiene leve indicio?

En Salmos 139:23-24 David escribe:

> "Examíname, Oh Dios, y sondea mi corazón;
> ponme a prueba y sondea mis pensamientos.
> Fíjate si voy por mal camino
> y guíame por el camino eterno".

¿Está dispuesto usted a orar estas palabras regularmente por varios días y registrar lo que Dios le revela acerca de su corazón? Si es así, empiece ahora mismo.

Sin la gracia, yo estaría permitiendo estos pensamientos, este enjambre de moscas, como Guillermo de Saint-Thierry las llama, echar a perder la dulzura de la unción: la devoción de la mente y el corazón. Somos completamente dependientes de la venida y cumplimiento de la presencia de Su gracia.

—M. Basil Pennington, autor y superior del Monasterio de la Abadía de Santa María de San José

Versículo para Memorizar

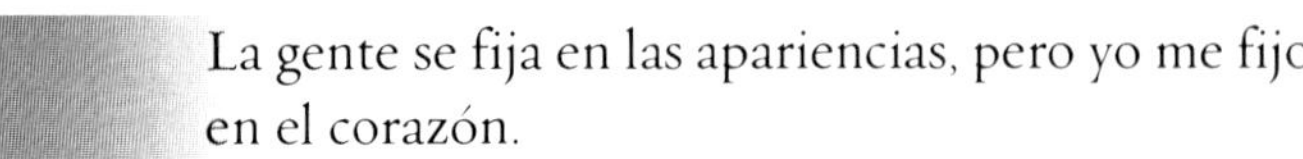

La gente se fija en las apariencias, pero yo me fijo en el corazón.

1 Samuel 16:7

I SAMUEL
[Monarchy Established]

REPASO

1. El tema de I Samuel es "¡Danos un _______________!"—Israel se convierte en una monarquía.

2. El capítulo 8 es el Capítulo Crucial, porque es el puente que mueve a Israel de una teocracia a una _______________________ .

3. _______________________ es un Personaje Importante porque tenía todas las características de un gran Rey.

4. Saúl fue un Personaje Importante porque sus ____________________ superaron sus virtudes y lo condujeron a pecar y a la pérdida de su realeza.

5. La gente se fija en las apariencias, pero Yo me fijo en el _______________ .

I SAMUEL 16:_______

2 SAMUEL

[El Establecimiento del Trono de David]

Entonces la dinastía de tu siervo David

quedará establecida en tu presencia.

2 SAMUEL 7:26

2 SAMUEL
[El Establecimiento del Trono de David]

INTRODUCCIÓN

1 Samuel termina con la muerte de Saúl y con la nación de Israel en gran confusión. En 2 Samuel, David regresó a la tribu de Judá y gobernó como su rey por los siete años siguientes. Durante este tiempo, el hijo de Saúl reinó como rey en las diez tribus del norte. A su muerte todo Israel le pidió a David que fuera su rey. Bajo el liderazgo capaz de David, Israel se unió fuertemente y fue victorioso en todas sus batallas.

2 Samuel es la historia del reino con David como rey, y cubre aproximadamente cuarenta años. Observe a David y verá a un hombre que amaba a Dios apasionadamente, que con humildad se puso bajo la autoridad de Dios y que era un hombre conforme al corazón de Dios, pero aun así, pecó. El éxito de su vida se empañó, pero no fue borrado por las angustias de su pecado.

2 SAMUEL
[El Establecimiento del Trono de David]

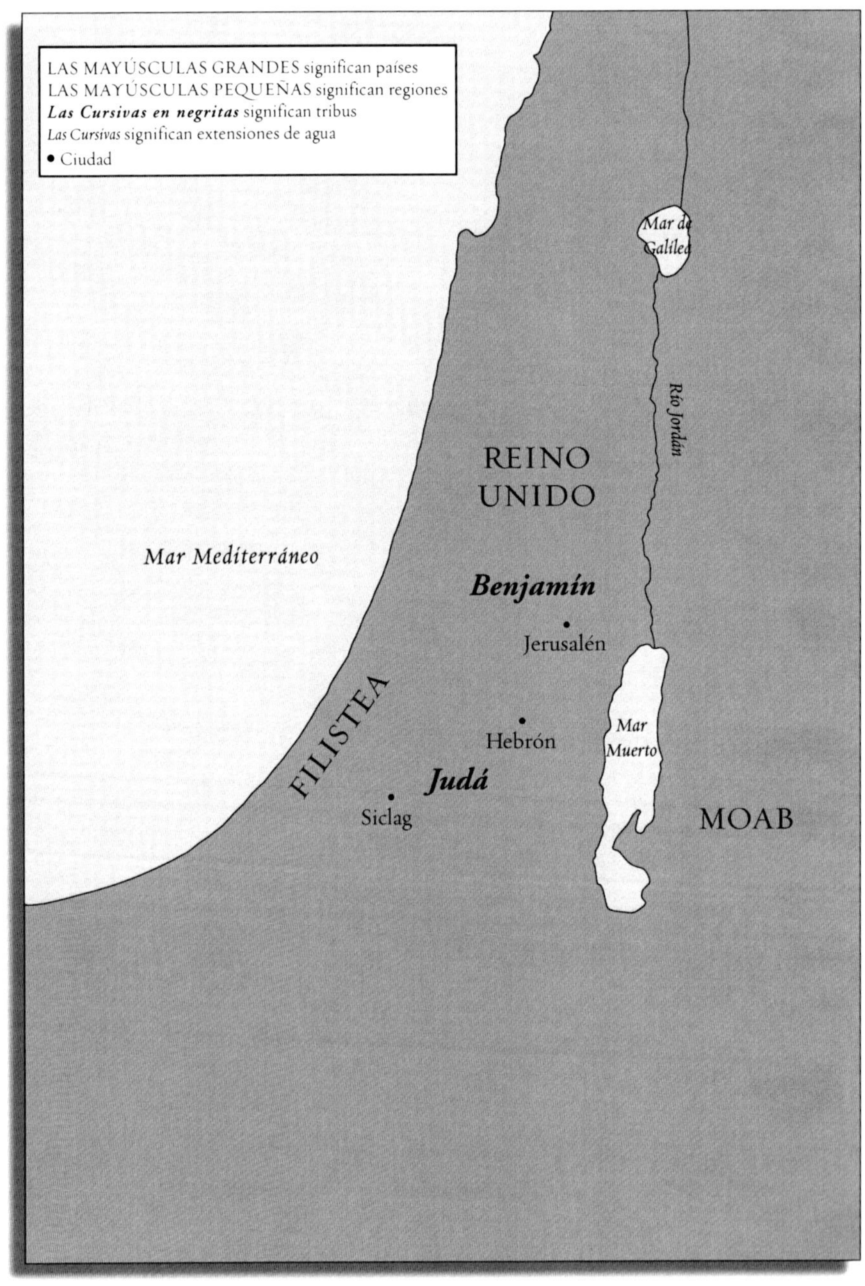

2 SAMUEL
[El Establecimiento del Trono de David]

RESUMEN

¿Quién? Autor: Incierto
Personaje Principal: David

¿Qué? David establece la monarquía

¿Cuándo? El libro cubre cuarenta años (1011-971 a.C.)

¿Dónde? En los capítulos 1-4, David es rey de Judá. En los capítulos 5-24, David es rey de todas las tribus en una nación (Israel)

¿Por Qué? Bajo la dirección de David, todas las tribus de Israel se unieron, formando una gran nación

I. David Triunfó al unir las doce tribus de Israel (2 Samuel 1-10).

A. David gobernó una sola tribu, Judá por siete años.

B. David Unió las doce tribus después de la muerte del hijo de Saúl.

1. Él estableció Jerusalén como la capital de Israel (2 Samuel 5).

2. Él estableció un orden Religioso sólido (2 Samuel 6).

3. Él amplió las Fronteras de Israel (2 Samuel 8-10).

4. Dios hizo un Pacto con el rey David (2 Samuel 7).

II. David Transgredió contra Dios (2 Samuel 11-12).

A. David cometió Adulterio con Betsabé.

B. David Asesinó a Urías.

C. El profeta Natán confrontó a David por su pecado.

D. David Confesó y se arrepintió de su pecado delante de Dios.

III. David sufrió <u>Pruebas</u> debido a las consecuencias de su pecado (2 Samuel 13-21)

A. El <u>Hijo</u> recién nacido de David murió (2 Samuel 12).

B. Ammón el hijo de David <u>Sedujo</u> a su media hermana Tamar y luego la violó (2 Samuel 13).

C. Absalón el hermano de Tamar <u>Asesinó</u> a Ammón.

D. Absalón condujo una <u>Revuelta</u> contra su padre David (2 Samuel 15-18).

E. Absalón fue <u>Asesinado</u> por el comandante de la armada de David.

IV. David testificó sobre la fidelidad de Dios (2 Samuel 22-24).

A. En sus triunfos, él alabó a Dios.

B. En sus pecados, él se arrepintió delante de Dios.

C. En sus penas, él se aferró a Dios.

D. Él fue un hombre conforme al corazón de Dios.

Aplicación

En Dios nosotros podemos: confiar para nuestros triunfos, ser perdonados por nuestras transgresiones, encontrar fuerza y ánimo en nuestros problemas.

2 SAMUEL
[El Establecimiento del Trono de David]

APRENDIENDO PARA LA VIDA

1. Revise Los Libros del Reino desde Josué hasta 2 Samuel (esfuerzo de grupo).
2. ¿Cuáles son algunos de los eventos importantes que ocurren en 2 Samuel?
3. ¿Cuáles fueron algunas de las consecuencias del pecado de David?
4. David fue llamado un hombre conforme al corazón de Dios. Describa a alguien a quien usted conoce o sabe que se le aplica esta descripción hoy.
5. ¿Cuál es la conexión entre el Rey David y Jesucristo? (Vea a Mateo 1:1; Lucas 1:26-33)
6. David alabó a Dios en sus éxitos, en sus pecados y en sus penas. ¿Cuál de estas palabras describe la situación donde usted está hoy? ¿Qué puede aprender de la forma en que David le respondió a Dios?

2 SAMUEL
[El Establecimiento del Trono de David]

SOLO UN PENSAMIENTO
¿Cree usted qué hay algún otro pasaje de la Biblia que sea tan conocido como el Salmo 23?

DIA UNO

LECTURA COMPLETA: Capítulos 1-5
LECTURA RÁPIDA: Capítulos 1-2

LA ILUSTRACIÓN PRINCIPAL

El SEÑOR es mi pastor,
Nada me falta;
en verdes pastos me hace descansar.
Junto a tranquilas aguas me conduce;
me infunde nuevas fuerzas.
Me guía por sendas de justicia
por amor a su nombre.
Aun si voy por valles tenebrosos,
no temo peligro alguno
porque tú estás a mi lado;
tu vara de pastor me reconforta.
Dispones ante mí un banquete
en presencia de mis enemigos.
Has ungido con perfume mi cabeza;
has llenado mi copa a rebosar.
La bondad y el amor me seguirán
todos los días de mi vida;
y en la casa del SEÑOR
habitaré para siempre.

—SALMO 23

El Señor es mi pastor, es todo lo que yo quiero.
—Un niño pequeño, citando el Salmo 23 equivocadamente.

De la Biblia entera, estas palabras son probablemente las más conocidas. David, el autor, fue uno de los hombres con más talentos que jamás haya existido. Él fue pastor de ovejas, músico, poeta, guerrero, general y rey. Y si hay un libro que muestra el desarrollo del carácter de David, es el libro 2 Samuel. Su historia comienza en 1 Samuel, pero es en 2 Samuel que lo vemos a él como el único ser humano en el centro de la atención.

Al seguir el carácter de David en 2 Samuel, mantenga en su mente el mensaje del Salmo 23 y de vez en cuando, escoja una frase que usted piense que se aplicaría a David en ese momento de su historia.

Usted aprendió en nuestro estudio de 1 Samuel, que los dos libros (1 y 2 Samuel) eran originalmente uno que fue dividido por los estudiosos de la materia, que tradujeron el Antiguo Testamento al griego durante el segundo y tercer siglo a.C. Así es que el libro de 2 Samuel empieza donde terminó el 1 Samuel: con la muerte de Saúl en 1011 a.C. El libro de 2 Samuel termina muy cerca del tiempo de la muerte de David en el año 971 a.C., como se indica en 1 Reyes, en los capítulos 1 y 2.

Poco después de la muerte de Saúl, David, el rey electo, tomó posesión del trono y reinó en Hebrón por los primeros siete años y medio; y luego en Jerusalén por los treinta y tres años restantes. El libro de 2 Samuel registra su reinado por cuarenta años.

Debido a que David es el personaje central del libro, los eventos de su vida definen las divisiones principales del libro, como se muestra en el cuadro siguiente:

Triunfos de David	Transgresiones de David	Problemas de David	Testimonio de David
1 — 10	11 — 12	13 — 21	22 — 24

Como aprendimos en las últimas cinco lecciones, 1 Samuel describe el momento en que la nación hizo la transición hacia la monarquía. En las cinco lecciones de 2 Samuel, veremos cómo David, el segundo rey, estableció a Israel como una potencia. Los logros de David en el establecimiento de la nación incluyen:

¡ASOMBROSO!
¡El nombre de David ocurre casi 1.100 veces en la Biblia!

Con razón encontramos tanto que admirar en David y tanto que quisiéramos poder ignorar.
—Reggie McNeal, autor[1]

El líder es un instrumento en las manos del Señor para ayudar a que otros tengan la oportunidad de vivir sus vidas con más significado y en una relación con Dios.
—Reggie McNeal

- La unificación de la nación
- La obtención y el establecimiento de una capital real
- El dominio de los enemigos de Israel
- La ampliación de los límites del país
- La creación de una conciencia nacional
- La iniciación de la prosperidad con el desarrollo del comercio

No se sabe quién es el autor del libro 2 Samuel. Probablemente fue compilado por un hombre, usando los registros de Natán el profeta y Gad el vidente (véase 1 Crónicas 29:29) en el período inmediato después de la muerte de David.

Más que cualquier otro libro y cualquier otro personaje en las Escrituras, 2 Samuel nos proporciona una mirada más detallada de David y sus: acciones, fracasos, pensamientos más profundos y emociones. A medida que lea, puede que encuentre lo fácil que es el identificarse con David como un ser humano, quien al igual que usted, buscó andar con Dios de una manera fiel y auténtica. Considere el anotar en un diario los pensamientos que *usted* tiene sobre su vida, como resultado de haber leído la vida de *él*.

¡REPASE ESTO!
El tema de 2 Samuel es: David establece la monarquía.

Versículo para Memorizar

Entonces la dinastía de tu siervo David quedará establecida en tu presencia.

2 Samuel 7:26

2 Samuel
[El Establecimiento del Trono de David]

Día Dos

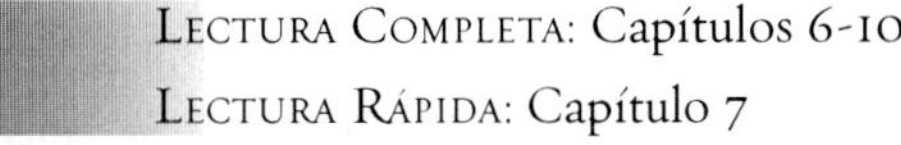
Lectura Completa: Capítulos 6-10
Lectura Rápida: Capítulo 7

IMPORTANTE
El pacto Davídico no fue el último pacto. El último pacto que Dios instituyó fue el Nuevo Pacto profetizado por Jeremías y cumplido por Jesucristo.

Un Capítulo Crucial

Todos conocemos lo que es un contrato: un acuerdo entre dos partes, donde cada una de ellas acepta la responsabilidad por ciertas partes del acuerdo. Hoy día, la mayoría de la gente negocia contratos en los cuales:

- Se realicen como sea posible, el menor número de responsabilidades.
- El entendimiento de que la desconfianza en una parte que está implícita en el acuerdo
- El tratar de asegurar que, de mutuo acuerdo, se puede anular el contrato.

Dios no negocia sus contratos. El instituye pactos, los condicionales e incondicionales; y cuando Él inicia un pacto incondicional con las palabras "Yo haré", sin la palabra "si usted . . .", podemos estar seguros que Él cumplirá el pacto.

Señor, ya no pertenezco a mí mismo, sino a Tí. Que así sea, Amén.
—John Wesley, fundador del metodismo

En 2 Samuel 7, nuestro Capítulo Crucial (y también nuestra Lectura Rápida), Dios instituye el pacto Davídico, que es el comienzo de una dinastía infinita de reyes; como este es un pacto incondicional instituido por Dios, nosotros podemos tener la certeza de que cada provisión será llevada a cabo. El pacto con David está descrito en 2 Samuel 7:8-16 e incluye las promesas que serían cumplidas durante la vida y después de la muerte de David.

¿SABÍA USTED?
David vivió aproximadamente un siglo antes de Homero, el poeta épico griego.

Promesas Durante la Vida de David:

Lea las promesas que siguen y busque los pasajes que muestran su cumplimiento.

Promesa	**Cumplimiento**
1. "Te haré famoso" (7:9).	2 Samuel 8:13-14
2. "Designaré un lugar para Mi pueblo, Israel." (7:10)	2 Samuel 8:3 (se refiere al Río Éufrates)
3. "Te daré descanso de todos tus enemigos" (7:11)	1 Reyes 5:1-4; 1 Crónicas 22:6-9

Y así fue como durante la vida de David, Dios: lo hizo famoso, estableció los límites de la nación de Israel y le dio a la nación descanso de todos sus enemigos. Pero el resto de las promesas del pacto se extendieron mucho más allá del período de la vida de David, que se resumen así:

Después de la Muerte de David

1. "Yo pondré en el trono a uno de tus propios descendientes (literalmente: semilla)". Esto no solo se refiere a Salomón, sino también a los descendientes reales de David, cuyo reinado sería establecido para siempre (7:12). Lea Salmo 89:3-4,20-37. ¿En 2 Samuel 7, qué le dicen estos versículos sobre este pacto?

La base principal en la que la fe se transforma es ésta: No debemos imaginar que las promesas de Dios son ciertas, pero no son para nosotros, sino para otros. Debemos apropiarnos de estas promesas, aferrándolas en nuestros corazones.
—Juan Calvino, reformador protestante y teológico francés

2. "Tu casa y tu reino durarán para siempre delante de Mí" (7:16). No solo habrá siempre un rey en la línea de David, sino que también habrá un reino, en el cual reinar.

3. "Yo seré Su padre y él será Mi hijo." (7:14). Cada rey que siguiera a David sería adoptado como hijo de Dios y Dios lo disciplinaría cuando fuera necesario. El único Rey que no sería disciplinado sería Jesucristo, el último Rey en la línea de David,

el cual reinará sobre el Reino Eterno y Su trono quedara establecido para siempre.

Después de que David recibió esta colección asombrosa de promesas, él no pudo dejar de alabar, adorar y dar gracias a Dios. Lea su oración en 7:18-29 y escriba cualquier pensamiento o emoción que usted tenga al leerlo.

Las promesas de Dios son como las estrellas; mientras más oscura la noche, más resplandecen.

—David Nicholas, autor

En una forma que le sea significativa, dé gracias a Dios por Su Hijo, el cual cumplió la última promesa del pacto Davídico al convertirse en nuestro Rey Eterno.

Versículo para Memorizar

Entonces la dinastía de tu siervo David quedará establecida en tu presencia.

2 Samuel 7:26

¡REPASE ESTO! Nuestro Capítulo Crucial es el 7, porque en él, Dios instituye el pacto Davídico.

2 Samuel
[El Establecimiento del Trono de David]

NOTA
Los primeros tres reyes de Israel reinaron, cada uno, por cuarenta años.

DÍA TRES

LECTURA COMPLETA: Capítulos 11-15
LECTURA RÁPIDA: Capítulo 6

Un Personaje Importante

Ciertas personas establecen el estándar. En su vida, trabajo y servicio, ellas elevan el nivel de lo que podemos ser. Como ejemplos podemos citar: por compromiso piense en la Madre Teresa; por convicción, en Martin Luther King; por valor, Corrie ten Boom; por perdón, Jesús; por creatividad, Van Gogh; por superar limitaciones físicas, Helen Keller; por habilidad atlética, Michael Jordán; por liderazgo, Golda Meir; y así muchos más.

Pero ninguna lista estaría completa sin David, el hijo de Isaí, el pastor de ovejas. David estableció el estándar de lo que un rey debería ser. En realidad, todos los otros reyes fueron juzgados por él. Lea por ejemplo 2 Crónicas 28:1 y 29:1-2. Ese estándar que David estableció estaba más allá de sus habilidades y obras como rey. Por favor lea lo que se dice de él en Hechos 13:22: "Tras destituir a Saúl, les puso por rey a David, de quien dio este testimonio: 'He hallado a David hijo de Isaí, un hombre conforme a Mi corazón, él realizará todo lo que Yo quiero.'"

Vamos a leer ciertos pasajes de la vida del hombre que Dios define como "el hombre conforme a Mi corazón", para descubrir algunos de los rasgos que hicieron de él, esa clase de hombre, ese tipo de estándar.

Es formidable aquel que es pequeño ante sus propios ojos y al que no le afectan los honores más altos.
—THOMAS À KEMPIS, monje agustino del siglo quince y autor[2]

Lea 2 Samuel 1, donde se describe la reacción de David ante la muerte de Saúl. A medida que lea, recuerde la despiadada persecución a la que David había estado sujeto por parte de Saúl mientras éste estuvo vivo. ¿En este capítulo, qué le dice a usted la reacción de David, un hombre conforme al corazón de Dios, al enterarse de la muerte de Saúl?

¿SABÍA USTED?
David es un descendiente de Rut (vea Rut 4:17,22).

Su Lectura Rápida de hoy, 2 Samuel 6, le muestra la euforia de David cuando estaba trayendo el Arca de Dios a Jerusalén y la interesante actitud de su esposa Mical. ¿Qué le revela este capítulo único acerca de este hombre conforme al corazón de Dios?

Regrese al capítulo 30 del libro de 1 Samuel por otro tipo de ejemplo de la vida de David, resuma los tres o cuatro rasgos más importantes que descubrió leyendo la historia de este hombre conforme al corazón de Dios.

Jesús enseñó que un discípulo tiene que hacer de su relación con Dios, la parte más importante de su vida; y en comparación con esa relación, ser cuidadosamente desinteresado en todo lo demás.

—Oswald Chambers,
autor y misionero

¡*Oh, estudien sus corazones, observen sus corazones, guarden sus corazones!*

—John Flavel, teólogo y escritor puritano

Si tiene tiempo, vuelva una vez más al libro 1 Samuel y lea el capítulo 26, ¿qué rasgos adicionales encuentra usted allí sobre este hombre conforme al corazón de Dios?

De estas historias ¿Qué rasgos le impactaron a usted? y ¿por qué?

¿Cuál sería el primer paso que usted debería tomar, para caminar a lo largo del viaje para convertirse en una persona conforme al corazón de Dios?

¡REPASE ESTO! Nuestro Personaje Importante es David, un hombre conforme al corazón de Dios.

Versículo para Memorizar

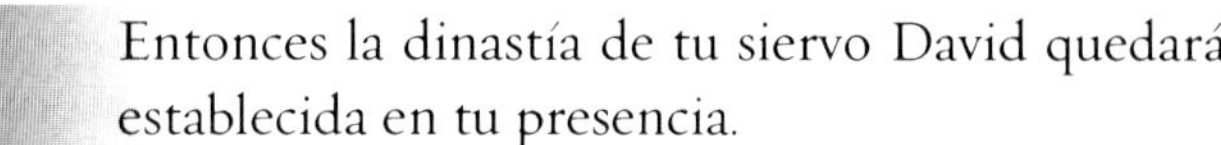

Entonces la dinastía de tu siervo David quedará establecida en tu presencia.

2 Samuel 7:26

2 Samuel
[El Establecimiento del Trono de David]

DÍA CUATRO

Lectura Completa: Capítulos 16-20
Lectura Rápida: Capítulo 22

Una Característica Destacable

C.S Lewis escribe:

> "Al ayudar a un perro a salir fuera de una trampa, al sacar una espina del dedo de un niño, al enseñar a un niño a nadar o rescatar a otro que no sabe nadar, al ayudar a un alpinista principiante que teme atravesar un lugar peligroso de la montaña; el único obstáculo fatal puede ser su desconfianza . . . Les estamos pidiendo que crean que lo que es doloroso, puede aliviarles su dolor y que lo que se ve peligroso, es su única salvaguardia. Les pedimos a ellos que acepten cosas que aparentan ser imposibles: que mover la pata hacia la parte de atrás de la trampa, es la manera de salir; que hiriendo el dedo aún más, parará el dolor; que el agua, que es obviamente permeable, resistirá y sostendrá el cuerpo; que subir a una peña más expuesta, es la manera de no caerse. Para sostener todos estos imposibles, debemos confiar en las otras personas que confían en nosotros . . . Algunas veces por la desconfianza de ellos, no podemos hacer trabajos formidables. Pero si triunfamos, es porque ellos mantuvieron su fe en nosotros, aún en contra de la evidencia, aparentemente contraria. Nadie nos culpa por exigir ese tipo de fe, nadie los culpa a ellos por entregarla. Después nadie dice que al perro, niño o joven, le faltó inteligencia por haber confiado en nosotros . . . Ahora,

NOTA
Una buena porción de la vida de David se registra de nuevo en el libro 1 Crónicas.

El santo nunca sabe de disfrutar del Señor a pesar de la tribulación, sino a causa de ésta.
—Oswald Chambers, autor y misionero

FÍJESE
2 Samuel 22 se repite en la Biblia como el Salmo 18.

> aceptar los fundamentos cristianos es, inevitablemente, el resultado de creer que nosotros somos siempre para Dios, lo que el perro, o el niño, o el muchacho fueron para nosotros, pero sólo que por mucho más"[3]

Si alguien alguna vez se sintió como "ese perro, niño, nadador o alpinista", ése fue David. Una y otra vez, a lo largo de su vida él se sintió atrapado, experimentó dolor, pensó que todo estaba perdido o no supo qué hacer. Pero al mirar hacia atrás en todos esos momentos, se dio cuenta de lo bien guardada que había estado su fe, no por sus propios esfuerzos, sino por la fidelidad y el poder de AQUEL en quien él la había puesto.

El capítulo 22, que es nuestra Lectura Rápida de hoy, narra el intento de David de honrar al Dios, en el que él puso su esperanza, aún en situaciones de vida o muerte. Sus experiencias revelan a un Dios maravilloso y fiel. Al meditar en este capítulo y al responder las siguientes preguntas, pídale a Dios que le muestre exactamente lo que usted necesita ver hoy acerca de ÉL y acerca de usted mismo.

Enumere todas las descripciones de Dios que usted vea en este capítulo (Por ejemplo: "El SEÑOR es mi roca").

Jesús dijo: "Yo estoy con ustedes siempre, hasta el fin del mundo". Sobre estas palabras aposté todo y nunca me han fallado.

—David Livingstone, explorador escocés y misionero en África

Ahora escoja dos o tres de esas descripciones y escriba lo que ellas significan para usted personalmente.

De acuerdo a David, ¿cuáles fueron sus acciones durante esos encuentros con Dios (Por ejemplo: "llamé al SEÑOR")?

Mora conmigo, rápido
cae el atardecer.
Se intensifica la
oscuridad, Señor
mora conmigo.
Cuando otras
ayudas fallan y
las comodidades
se desvanecen,
Ayuda de los
desamparados, oh,
mora conmigo.

—HENRY FRANCIS LYTE, pastor, poeta y escritor escocés de himnos, del siglo diecinueve

¿Cuáles fueron algunas de las cosas específicas que Dios hizo en respuesta a las súplicas de David (Por ejemplo: "Él me escuchó")?

Escriba dos o tres de las impresiones más fuertes que este capítulo poético produjo en usted y escriba para Dios lo que a usted le parezca apropiado en este momento.

¡REPASE ESTO! El capítulo 22 es una Característica Destacable, porque él muestra el Dios poderoso en medio de nuestras tribulaciones.

VERSÍCULO PARA MEMORIZAR

Entonces la dinastía de tu siervo David quedará establecida en tu presencia.

2 SAMUEL 7:26

2 SAMUEL
[El Establecimiento del Trono de David]

PIENSE ACERCA DE ESTO
¡Si David, un hombre conforme al Corazón de Dios, pudo pecar, nosotros debemos tener cuidado!

DÍA CINCO

LECTURA COMPLETA: Capítulos 21-24
LECTURA RÁPIDA: Capítulos 11:1-12:13

UN PRINCIPIO ETERNO

James Emery White escribe:

> El pensador francés Joseph de Maistre escribió una de las declaraciones más honestas que jamás he leído, que dice: "No sé lo que pueda estar en el corazón de un bribón, pero sé lo que está en el corazón de un hombre honesto, y es horrible". Como Alexander Whyte dijo a una mujer que lo elogió por su gran cantidad de buenas obras: "Señora, si usted supiera el hombre que realmente soy, me escupiría en la cara". Él no estaba confesando su hipocresía, estaba señalando la realidad de la depravación humana.[4]

Aún David, el rey ideal y el hombre conforme al corazón de Dios, experimentó las consecuencias terribles de esta realidad. La mayoría de las personas están familiarizadas con el episodio de David y Betsabé. Usted leyó el registro de esta historia en nuestra Lectura Rápida de hoy.

En sus propias palabras, resuma como se desarrollaron los eventos, comenzando en 2 Samuel 11:1 y terminando en 2 Samuel 12:13.

No hacerlo más, ése es el verdadero arrepentimiento.
—MARTÍN LUTERO, teólogo, reformador y religioso alemán

Esta narración simplemente asume el arrepentimiento de David en 12:13. Sin embargo, por la gracia de Dios y como enseñanza para nosotros en esta área crítica de la vida, Él ha registrado la oración de arrepentimiento de David, en el Salmo 51. La experiencia de David como un pecador arrepentido delante de Dios ilustra los dos componentes críticos que participan en el proceso del perdón: el arrepentimiento sincero y el gozo de la restauración.

FÍJESE
En Salmos 51: 2-3, David usa las tres palabras más graves para el pecado: pecado, iniquidad y transgresiones.

El Arrepentimiento Sincero (Salmos 51:1-6, 16-17)

Lea los versículos anteriores y responda a las preguntas siguientes:

¿En qué estaba basada la esperanza de David de recibir el perdón? Explique.

¿Cómo describiría la actitud de David en esta oración? Ilustre sus descripciones.

Los versículos 16-17 contienen una verdad fundamental. ¿Usted cómo la explicaría con sus propias palabras?

La casa de mi alma es muy pequeña para que habites en ella. Agrándala tú. Está en ruinas, restáurala.

—San Agustín de Hipona, teólogo y obispo de la Iglesia Primitiva

El Gozo de la Restauración (Salmos 51:7-15)

Lea los versículos anteriores y responda a las preguntas siguientes:

Describa la diferencia del tono entre estos versículos y los versículos del arrepentimiento sincero.

¿Qué significó para David el ser restaurado?

Dios siempre promete el perdón y la restauración completa cuando se muestra el arrepentimiento sincero; pero Él no promete eliminar las consecuencias. El clavo, clavado en la tabla (el pecado), se puede remover (el arrepentimiento y el perdón), pero el agujero (las consecuencias) permanece.

Lea 2 Samuel 12:9-18 y 2 Samuel 13. Describa las consecuencias que David tuvo que sufrir por causa de su pecado (estas son solamente algunas de ellas).

¿Qué nuevas ideas ha tenido sobre nuestro Principio Eterno, de que el arrepentimiento sincero trae el perdón y la restauración, pero no necesariamente la eliminación de las consecuencias? ¿Cómo debería responder a estas nuevas reflexiones?

La palabra griega para el arrepentimiento es "metanoia". Ésta significa simplemente "volverse" . . . Si un hombre sale de la casa y luego se acuerda de algo que se le olvidó, él puede "arrepentirse", devolverse y regresar para la casa . . . El llamado bíblico para el arrepentimiento y la conversión significa básicamente, volverse hacia la obra que Dios está haciendo en nuestras vidas.

—Craig Barnes[5]

Versículo para Memorizar

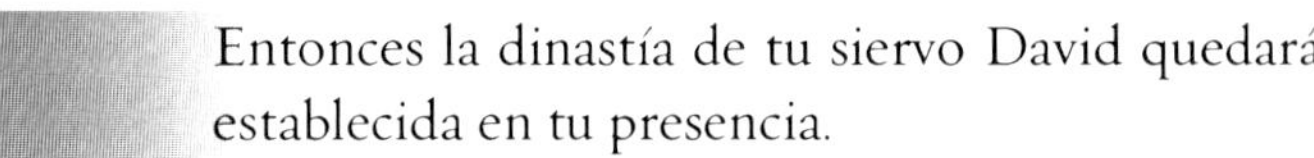

Entonces la dinastía de tu siervo David quedará establecida en tu presencia.

2 Samuel 7:26

2 Samuel
[David's Throne Established]

REPASO

1. El tema de 2 Samuel es: David establece la ________________________ .

2. Nuestro Capítulo Crucial es el 7, porque en él, Dios instituye el pacto ______________.

3. Nuestro Personaje Importante es ____________________, un hombre conforme al corazón de Dios.

4. El capítulo 22 es una Característica Destacable, porque el muestra el ____________________ poderoso en medio de nuestras tribulaciones.

5. "Entonces la dinastía de tu siervo ___________________ quedará establecida en tu presencia."

2 Samuel 7:_______

1 REYES

[La División del Reino]

Cuando Salomón llegó a viejo, sus mujeres le pervirtieron

el corazón de modo que él siguió a otros dioses.

1 REYES 11:4

INTRODUCCIÓN

Después del exitoso reinado del rey David durante el cual Israel estuvo unido, el trono pasó a su hijo, Salomón. Aunque Dios le dio a él la sabiduría, el poder y las riquezas más grandes que nos podamos imaginar, en sus últimos días Salomón siguió a otros dioses. Luego su hijo Roboán heredó el trono y su insensatez desató una disputa civil, por la que el país se dividió una vez más.

Situadas en el sur, las tribus de Judá y de Benjamín disfrutaban del gran beneficio de tener el templo en Jerusalén y de la promesa de que alguien de la línea de David ocuparía siempre el trono. 1 Reyes registra el reinado de cuatro reyes en Judá, empezando con Roboán y terminando con Josafat.

Y en el norte, encontramos a Israel que estaba siendo guiado hacia la idolatría por Jeroboán; allí nunca hubo un buen rey en el trono. Leeremos como en Israel reinaron ocho reyes malvados que guiaron al pueblo aún más hacia la idolatría, y de cómo el profeta Elías le comunicaba al pueblo la palabra de Dios. 1 Reyes cubre un período de aproximadamente 120 años.

I Reyes
[La División del Reino]

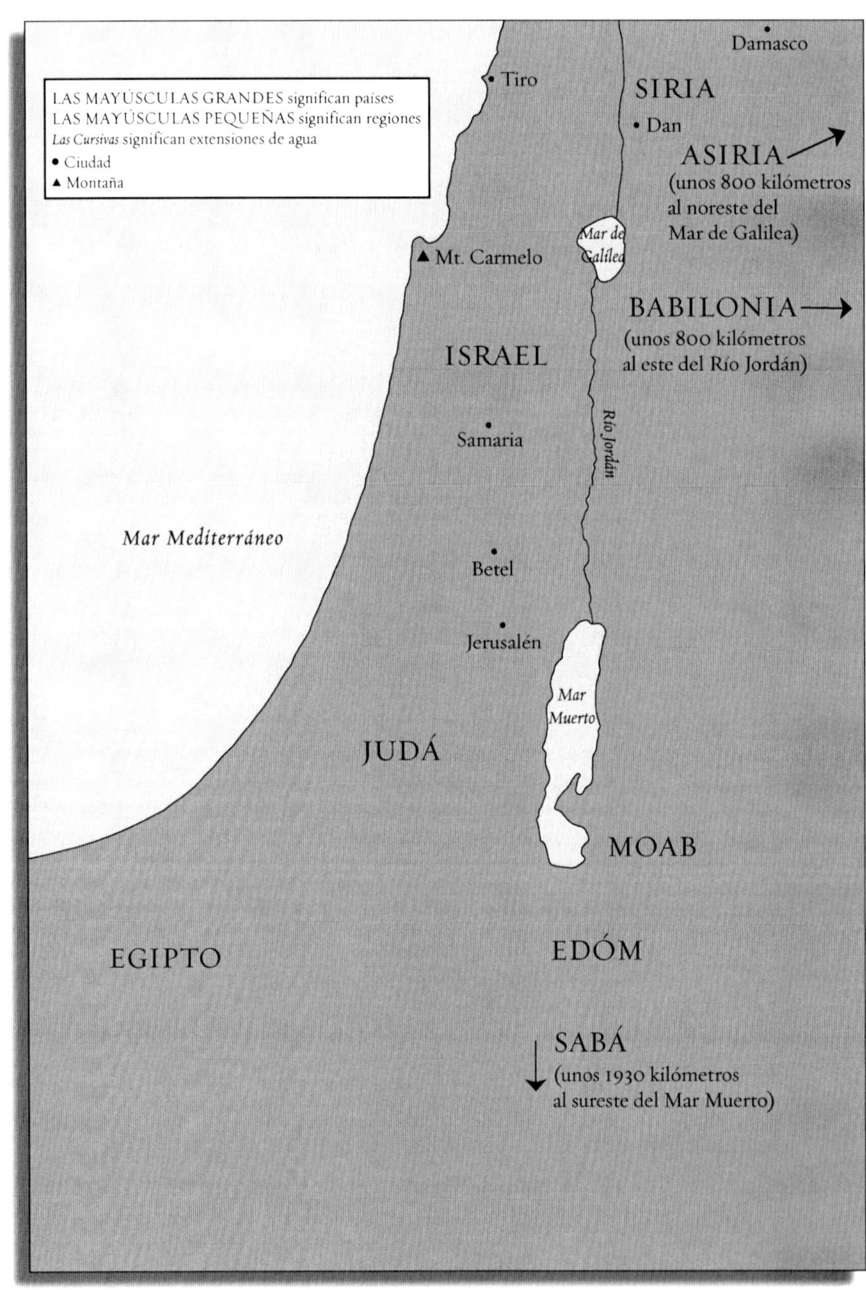

I Reyes
[La División del Reino]

RESUMEN

¿Quién? Autor: El profeta Jeremías (de acuerdo a la tradición Judía)
Personajes Principales: Salomón, Roboán, Elías y Jezabel

¿Qué? La división del reino

¿Cuándo? El libro cubre 120 años (971-851 a.C.)

¿Dónde? Israel (unido) y luego dividido así: Israel hacia el norte y Judá hacia el sur

¿Por Qué? Una nación dividida entre sí, no puede mantenerse en pie

I. El reino estaba Unido y prosperando (1 Reyes 1-2).

A. Antes de morir, el Rey David anunció que Salomón sería el rey.

B. Salomón tomó la decisión más Imprudente antes de pedirle a Dios por sabiduría.

1. Él hizo una alianza con Egipto.

2. Él se Casó con una de las hijas del faraón.

C. Salomón pidió por Sabiduría y Dios le dio sabiduría, conocimiento y riquezas enormes.

D. El Templo fue construido y dedicado para la gloria de Dios.

E. La Fama de Salomón fue conocida en todo el mundo antiguo.

F. Salomón tuvo muchas Mujeres extranjeras que alejaron su corazón de Dios.

G. El corazón de Salomón fue un corazón Dividido.

II. El reino se Dividió y fue destruido (1 Reyes 12-22).

A. Roboam actuó de forma imprudente al ignorar la sabiduría de su padre, Salomón.

B. El reino, que en un tiempo había estado unido, ahora estaba dividido en Dos naciones independientes.

1. Las 10 tribus del NORESTE fueron llamadas Israel.

2. La capital era SAMARIA.

3. Las dos tribus del sur fueron llamadas JUDÁ.

4. La capital era JERUSALÉN.

C. ELÍAS fue un profeta a quien Dios usó poderosamente para advertir al rey Acab.

APLICACIÓN

La desobediencia trae la división en nuestras relaciones mundanas y más que nada, trae la división en la relación que nosotros como creyentes disfrutamos con Dios. Nuestra desobediencia empieza cuando ignoramos la Palabra de Dios y cuando esta desobediencia comienza, ¡un corazón dividido es inevitable!

Aprendiendo para La Vida

1. Revise la historia de Israel desde el libro de Josué hasta el libro de 1 Reyes (esfuerzo de grupo).
2. La época dorada de Israel empezó con David pero en realidad alcanzó su apogeo durante el reinado de Salomón. ¿En este lapso de tiempo, cuáles son algunos de los eventos y bendiciones que lo hicieron tan extraordinario?
3. ¿Cuál fue el error más grande que Roboán cometió? ¿Qué principios podemos aprender de su ejemplo?
4. Con respecto a su acercamiento hacia Dios, ¿qué ventaja tenía Judá sobre Israel?
5. En el Monte Carmelo, ¿qué pasó cuando Elías desafió a los sacerdotes de Baal (1 Reyes 18:16-46)? En nuestras vidas, cuando nos enfrentamos a grandes retos, ¿qué consuelo obtenemos con esta historia?

I Reyes
[La División del Reino]

SOLO UN PENSAMIENTO
Puede ser que La Septuaginta haya dividido los libros de Samuel y Reyes, en cuatro libros; porque el lenguaje griego requería más espacio en el pergamino que el lenguaje hebreo.

DÍA UNO

Lectura Completa: Capítulos 1-5
Lectura Rápida: Capítulo 1:1-2:12

La Ilustración Principal

Cuatro siglos completos antes de que los reyes en Israel comenzaran uno por uno a ascender al trono, Dios había dado instrucciones específicas y advertencias claras sobre cómo ellos deberían hacer su función:

> Cuando tomes posesión de la tierra que te da el Señor tu Dios y te establezcas, si alguna vez dices: "Quiero tener sobre mí un rey que me gobierne, así como lo tienen todas las naciones que me rodean",asegúrate de nombrar como rey a uno de tu mismo pueblo, uno que el Señor tu Dios elija. No aceptes como rey a ningún forastero ni extranjero. El rey no deberá adquirir gran cantidad de caballos, ni hacer que el pueblo vuelva a Egipto con el pretexto de aumentar su caballería, pues el Señor te ha dicho: "No vuelvas más por ese camino."El rey no tomará para sí muchas mujeres, no sea que se extravíe su corazón, ni tampoco acumulará enormes cantidades de oro y plata.
>
> Deuteronomio 17:14-17

La fuerza y la felicidad de un hombre consisten en encontrar y seguir la dirección en la cual Dios va.

—Henry Ward Beecher, abolicionista y clérigo norteamericano

Lea en 1 Reyes 10:1-11: 4, una descripción del comportamiento de Salomón y de algunos de sus logros. Compare estos versículos con los de Deuteronomio, mencionados arriba. Describa lo que encuentre.

NOTA
Los libros 1 y 2 de Reyes tienen una orientación más política que religiosa.

El libro 1 Reyes registra la triste transición de Israel, de un reino unido a un reino dividido. El comportamiento de Salomón, del cual usted acaba de leer, determinó la base para este devastador conflicto civil. Cuando su reino terminó y su hijo tomó el trono, era apenas cuestión de tiempo (un tiempo breve) para que ocurriera la división. La gráfica que sigue demuestra las divisiones principales del libro.

Los Últimos Días de David	El Reinado de Salomón	La División del Reino	El Ministerio de Elías
1 2	3 11	12 16	17 22
El Reino Unido		El Reino Dividido	
Una Nación se Convierte en Dos			

Igual que con 1 y 2 Samuel, 1 y 2 Reyes eran originalmente un solo libro, simplemente titulado "Reyes". Nuevamente, los estudiosos de la Septuaginta (la traducción griega del Antiguo Testamento, escrita en el segundo y tercer siglo a.C.) dividieron este libro en dos. A los dos libros de Samuel, ellos los habían denominado "Reyes 1 y 2"; así que continuaron simplemente este formato nombrando los dos libros de Reyes, como "Reyes 3 y 4".

Cada virtud es una forma de obediencia a Dios. Cada palabra o acto malvado es una forma de rebelión contra Él.

—Stephen Neill, escritor del siglo veinte, obispo y misionero en la India

El autor de I y 2 de Reyes es desconocido. El Talmud, el libro de leyes rabínicas y comentarios sobre las leyes de Moisés, sugiere que fueron escritos por el profeta Jeremías ya que el estilo, el énfasis y la fraseología parecen apoyar esta sugerencia; de ser así, habrían sido escritos antes del año 586 a.C., la fecha en que ocurrió el exilio de Judá hacia Babilonia.

Quienquiera que fuera el autor, se ve claramente que utilizó varios documentos históricos como base para compilar estos libros. I Reyes 11:41 menciona el libro de las crónicas de Salomón; 1 Reyes 14:19 registra la existencia del libro de las Crónicas de los reyes de Israel; y 1 Reyes 14:29 y 15:7 menciona el libro de las Crónicas de los reyes de Judá. Es evidente que había una cantidad significativa de información preservada, de la cual se pudo investigar y escribir lo que hoy en día conocemos como 1 y 2 Reyes.

El libro 1 Reyes también muestra el ministerio del profeta que se convirtió en una fuerza importante en la vida de Israel, la nación de Dios; por eso el Personaje Importante será Elías, un portavoz de Dios, audaz y valiente.

Mientras que lee 1 Reyes, tenga en cuenta como las decisiones erróneas traen, una y otra vez, consecuencias devastadoras y no deseadas.

Ningún hombre ha llegado a ser un comandante exitoso sin que haya tenido primero que aprender a obedecer.
—Proverbio Chino

Termine el estudio de hoy leyendo otra vez la parte de la Lectura Rápida 1 Reyes 2:1-12. ¿En estos versículos qué observaciones finales adquiere usted sobre David, un hombre conforme al corazón de Dios?

Versículo para Memorizar

¡REPASE ESTO!
El tema de 1 Reyes es un Reino dividido.

Cuando Salomón llegó a viejo, sus mujeres le pervirtieron el corazón de modo que él siguió a otros dioses.

1 Reyes 11:4

Día Dos

Lectura Completa: Capítulos 6-10
Lectura Rápida: Capítulo 12

DATO
El período de la historia hebrea transcurrido durante los reinos de David y Salomón, se considera como la Época Dorada.

Un Capítulo Crucial

Billie Burke, una actriz famosa hace años, estaba viajando a través del Atlántico cuando observó a un caballero en la mesa cercana, quien sufría de un terrible resfriado. "¿Se siente usted incómodo?" ella preguntó, el hombre cabeceó que sí. "Le voy a decir justo lo que usted debe hacer para aliviarse" ella le dijo. "Regrese a su cabina, beba mucho jugo de naranja, tome dos aspirinas, cúbrase con todas las cobijas que pueda encontrar y así al sudar se le quitará el resfriado. Yo sé ciertamente de lo que estoy hablando, soy Billie Burke de Hollywood." El hombre sonrió afectuosamente y dijo "Gracias, yo soy el Doctor Mayo de la Clínica Mayo" (El Dr. William Worall Mayo fue doctor y químico, fundador de la Clínica Mayo, una reconocida institución dedicada a la investigación médica, establecida en Minnesota, Estados Unidos).[1]

El recibir consejos es difícil: en primer lugar, usted necesita saber quién está dando el consejo y en segundo lugar, usted debe conocer la clase de relación que usted tiene con esa persona. Roboán, en 1 Reyes 12, falló en estas dos reglas. El resultado acontecido fue la división de Israel en dos naciones.

Lea 1 Reyes 12:1-14 y describa los acontecimientos que allí se registran. A la luz de las sugerencias para recibir consejos, dadas en el párrafo anterior, ¿cuál es su reacción hacia el comportamiento y la decisión de Roboán?

Si usted le pregunta a mucha gente, siempre encontrará a alguien que le aconseje hacer lo que usted de todos modos iba a hacer.
—Weston Smith

NOTA
Un "lugar alto" (1 Reyes 12:31) era un lugar geográficamente elevado, con un altar y un árbol o un palo de madera como un ídolo.

A causa de las acciones de Roboán en el año 931 a.C., Jeroboán y diez tribus más se rebelaron contra él. Solamente las tribus de Judá y Benjamín en la parte sur del país siguieron siendo leales a Roboán. Esta división duró hasta que con el tiempo, ambas naciones cayeron en cautiverio debido a su rebelión contra Dios (al norte, el reino de Israel en el año 722 a.C. y al sur, el reino de Judá, en el año 586 a.C.).

Inmediatamente después de la división, Jeroboán comenzó a establecer el norte como una nación separada permanentemente. Él instaló la capital en Siquén (12: 25) para igualar la capital de Jerusalén en el sur. Pero él hizo más que eso. Lea 12:26–33. Enumere y explique todas los engaños que él fabricó para que el pueblo le fuera fiel.

Todos nosotros somos, aún desde el vientre de nuestras madres, maestros artesanos de ídolos.
—Juan Calvino, fundador del Calvinismo

Esto fue lo que en el norte, marcó el principio del fin para la nación de Israel. Jeroboán hizo dioses falsos para que el pueblo los adorara, sacerdotes falsos para que el pueblo los siguiera y días de fiesta falsos para que el pueblo los celebrara; los reyes posteriores siguieron sus pasos y cayeron más profundamente en la idolatría. Una y otra vez, leemos palabras como las que se encuentran en 1 Reyes 16:25-26: "Pero Omrí hizo lo que ofende al Señor y pecó más que todos los reyes que lo precedieron. Siguió el mal ejemplo de Jeroboán hijo de Nabat, persistiendo en el mismo pecado con que éste hizo pecar a Israel y provocando con sus ídolos inútiles la ira del Señor, Dios de Israel".

La idolatría era el pecado por el cual Dios tuvo que disciplinarlos. Él les envió a los profetas Oseas y Amós para que se volvieran de nuevo a Él, pero el pueblo se rehúso a escucharlos y arrepentirse. Se habían aferrado a la idolatría y a cambio, la idolatría los había atrapado. Ellos no podían liberarse por sí mismos.

Recuerda lo que es un ídolo: cualquier cosa que usurpa la atención, el honor y la lealtad que corresponde a Dios. Al mirar atrás en este estudio ¿hay alguna respuesta que usted necesite dar a Dios?

Hoy en día usted no tiene que irse a países paganos para encontrar a dioses falsos. América está llena de ellos. Lo que usted ama por encima de Dios es su ídolo.

—D. L. Moody, evangelista norteamericano del siglo diecinueve

Versículo para Memorizar

Cuando Salomón llegó a viejo, sus mujeres le pervirtieron el corazón de modo que él siguió a otros dioses.

I Reyes 11:4

¡REPASE ESTO! Nuestro Capítulo Crucial es el 12, porque describe la división de Israel en dos naciones.

I Reyes
[La División del Reino]

¡WOW!
Elías fue uno de los dos hombres que no murieron; Enoc fue el otro (véase Génesis 5:24; y Hebreos 11:5)

DÍA TRES

Lectura Completa: Capítulos 11-14
Lectura Rápida: Capítulo 18

Un Personaje Importante

Aquellos que mantienen una postura firme. Aquellos que no ceden terreno. Aquellos que no se derrumban bajo presión. Tenemos gran admiración por este tipo de personas: Jesús en el huerto, Martin Lutero ante el Concilio (de Trento), y todos aquellos mártires que fueron enfrentados a los leones.

Y no olvidemos a Elías, ese hombre tosco que profetizaba por parte de Dios, al pueblo de Israel; en el norte, en un período en el que nadie le hacía caso ni a él, ni a su mensaje. Él tuvo momentos que fueron de fracaso, pero cuando se considera toda su vida, se ve fácilmente que se mantuvo firme para Dios, y a menudo sintió que él era el único que así lo hacía.

Él realizó su ministerio profético durante los tiempos del malvado rey Acab y de Jezabel, su reina, quien era aún más malvada. Ellos habían tomado los pecados de Jeroboán, hijo de Nabat, y los habían hecho parecer como travesuras de niños en escuela dominical; ellos habían llevado la idolatría a niveles aún peores, introduciendo la adoración a Baal (el dios de Jezabel) y también a la de Asera (símbolos en madera de una diosa femenina). Finalmente, la tensión entre Elías y Acab alcanzó el punto donde la confrontación fue inevitable.

Lea 1 Reyes 18:16-24 y describa cómo se orquestó esta confrontación.

El perfecto valor es el hacer, sin testigos, lo que seríamos capaces de hacer en frente de todo el mundo.
—Duc de La Rochefoucauld, autor y moralista francés del siglo diecisiete

Luego lea 18:25-29. Al avanzar el relato, ¿qué cree usted que pensaban y sentían los seguidores de Baal? y ¿los de Acab?

NOTA
El nombre de Elías es mencionado en el Nuevo Testamento veintinueve veces.

Termine el relato leyendo 18:30-40. Y otra vez, con sus propias palabras, resuma lo que pasó.

Al revisar este relato, ¿qué características encuentra usted en Elías, las cuales le permitieron realizar una de las hazañas de fe más valerosas de todos los tiempos?

Valor no es la ausencia de temor sino la convicción de que hay algo más importante que el temor mismo.
—Ambroses Redmoon, escritor del siglo veinte

En el capítulo que sigue, Elías empieza a quebrantarse bajo la extrema presión y el agotamiento. Sin embargo, el ángel de Dios lo cuidó y él se recuperó con gran fervor, y continuó con un fuerte ministerio profético para el servicio de Dios, aun en medio de una maldad increíble; pero un día (Elías y su heredero elegido Eliseo) "Iban caminando y conversando cuando, de pronto, los separó un carro de fuego con caballos de fuego y Elías subió al cielo en medio de un torbellino" (2 Reyes 2:11) ¡Una promoción magnífica para un gran profeta!

La mayoría de nosotros no seremos llamados a enfrentar a cuatrocientos profetas de Baal y a pelear una batalla espiritual; pero de una manera u otra, día tras día, nosotros estamos llamados a tomar una postura en relación a nuestras creencias. En su caminar con Dios, ¿qué significan para usted: mantener una postura firme, no ceder terreno y no derrumbarse bajo presión?

Mantenga el valor para las penas grandes de la vida y paciencia para las pequeñas, y cuanto usted haya logrado cumplir laboriosamente su tarea diaria, duerma en paz porque Dios está despierto.
—Victor Hugo, autor[2]

Escriba cualquier reflexión que le pueda servir de ayuda acerca de lo que leyó sobre Elías y su posición firme ese día en el Monte Carmelo.

¡REPASE ESTO!
Elías es nuestro Personaje Importante porque se mantuvo firme ante Acab, el rey perverso, y ante los profetas de Baal.

Versículo para Memorizar

Cuando Salomón llegó a viejo, sus mujeres le pervirtieron el corazón de modo que él siguió a otros dioses.

1 Reyes 11:4

I Reyes
[La División del Reino]

DÍA CUATRO

Lectura Completa: Capítulos 15-18
Lectura Rápida: Capítulo 8

¡INTERESANTE!
La ciudad de Salomón Ezion-Geber ha sido llamada "el Pittsburgh de Palestina"[3]. (Pittsburgh es una ciudad de los Estados Unidos, famosa por su avanzado sistema de refinería de metales.)

Una Característica Destacable

> Nos guste o no nos guste, preguntar es la regla del Reino.
> —C. H. Spurgeon

En uno de sus libros, el autor Richard J. Foster examina las numerosas dimensiones de la oración. En su discusión sobre la oración de petición, él cuestiona la creencia de que pedirle a Dios por cosas, es una de las formas más bajas de la oración; en comparación con la de meramente adorar los atributos de Dios, sin pedir nada. Él escribe, "la oración de petición siempre estará en primer lugar en nuestras vidas por el hecho de que nuestra dependencia de Dios es eterna. Es algo de lo nunca podremos realmente sobreponernos, ni deberíamos querer hacerlo. De hecho, las palabras hebreas y griegas que usualmente se usan para definir la oración dicen: "petición" o "hacer una petición"[4].

El cielo está lleno de respuestas a oraciones que nadie se molestó en hacer.
—Billy Graham, evangelista y pastor norteamericano

Foster continúa diciendo que no sólo la Biblia está llena de oraciones peticionarias, sino que además ésta nos enseña a orar de esa manera. Cuando los discípulos le pidieron a Jesús que les enseñara a orar, Él les dio lo que llamamos "la Oración del Señor", una oración principalmente de petición.

Una Característica Destacable en el libro 1 Reyes, en su capítulo 8, es una extensa oración de petición. Salomón había completado la construcción y decoración del templo y leemos en 8:22: "A continuación, Salomón se puso delante del altar del Señor y en presencia de toda la asamblea de Israel, extendió las manos hacia el cielo". Su oración de dedicación, para nosotros estar seguros, comenzó con adoración, seguida por alabanza y agradecimiento, pero de forma muy rápida se convirtió en una lluvia de peticiones para el Dios de Israel. Nos concentraremos en los versículos del 22 al 53, que son parte de su Lectura Rápida para hoy. Al investigar estos versículos, responda a las siguientes preguntas o declaraciones:

¡WOW!
Excavaciones en Megido han descubierto un establo del tiempo de Salomón, que tenía la capacidad de acomodar entre trescientos y cuatrocientos caballos.[5]

Enumere todas las peticiones de Salomón e incluya una explicación breve de cada una de ellas.

Mientras Salomón hacía esta extraordinaria oración de petición, ¿cuáles cree usted que eran sus: pensamientos, actitudes, intenciones y motivaciones?

Al igual que los amantes quienes de por vida anhelan el momento en el que puedan intercambiar su amor el uno con el otro, y lograr así que sus almas se mezclen en un suave suspiro; así, el hombre espiritual anhela por aquel momento mediante el cual, en oración, pueda entrar sigilosamente en la presencia de Dios.

—Søren Kierkegaard, filósofo danés y teólogo cristiano

¿Qué imagen de Dios nos presenta Salomón durante esta oración?

De este estudio sobre las oraciones de petición, ¿qué ha aprendido que pueda enriquecer su propia vida de oración?

Al cerrar el capítulo sobre la oración de petición, Foster cita a Herbert Farmer: "Si la oración es el corazón de la religión, entonces la petición es el corazón de la oración"[6].

¿Qué petición necesita usted elevar a Dios en este momento?

Tenga amor por la oración; durante el día sienta con frecuencia la necesidad de orar y tómese el tiempo para hacerlo. La oración engrandece el corazón hasta que éste es capaz de percibir el regalo de Dios, que es Él mismo. Pregunte, busque y su corazón crecerá tanto como para recibir a Dios.

—Madre Teresa, fundadora de los Misioneros de la Caridad y amiga de los pobres

Versículo para Memorizar

Cuando Salomón llegó a viejo, sus mujeres le pervirtieron el corazón de modo que él siguió a otros dioses.

1 Reyes 11:4

¡REPASE ESTO! Una Característica Destacable es el capítulo 8, ya que es un ejemplo excelente de la oración de petición.

¿SABÍA USTED?
Salomón escribió el Salmo 72.

DÍA CINCO

Lectura Completa: Capítulos 19-22
Lectura Rápida: Capítulo 11

Un Principio Eterno

Un huerto puede ser una experiencia muy gratificante. Después del trabajo y del sudor del cultivo, la siembra, la fertilización y la dedicación, viene la belleza de los frutos. Vivian Glyck, escribe:

> Los días interminables del verano, en mi huerto son pura felicidad. No importa cuán mal jardinera haya sido en esta estación, llega un momento en el que todo comienza a florecer. Camino entre las lozanas plantas de tomate, las cuales me hacen cosquillas en la cintura; paso con cuidado sobre las enormes hojas de los pepinos, que han crecido lo suficientemente grandes como para proteger a sus frutos del sol intenso del verano; y me agacho para inspeccionar todas las variedades de pimientos que vigorosamente han crecido.[7]

La experiencia enseña que para hacer de un hombre un buen jardinero, no es suficiente el amor a las flores y a las verduras. Él también debe detestar las malas hierbas.
—Burton Hillis

Pero no importa cuán hermoso se vea el huerto, inevitablemente usted debe dejarlo por algún tiempo –quizás sólo una o dos semanas por alguna emergencia familiar o vacaciones; y cuando regresa, nota que su huerto ya ha tomado la apariencia de un huérfano abandonado. Los animales han entrado, las malas hierbas lo han cubierto todo y el trabajo requerido para que su huerto se vea nuevamente hermoso, parece desalentador.

El huerto es una buena metáfora para el corazón. Éste también se debe cultivar, sembrar, fertilizar y atender, para que comience a mostrarse la riqueza del fruto espiritual. Pero, ignore su corazón, aún por un tiempo corto y depredadores trepan, y mala hierba crece más rápido de lo que usted pueda imaginar.

Nuestro Principio Eterno para el libro de 1 Samuel también nos anima a pensar en nuestros corazones. Allí se cita Proverbios 4:23, el cual dice: "por sobre todas las cosas cuida tu corazón, porque de él mana la vida". Lo que crece en nuestros corazones se derrama en nuestras vidas.

SOLO UN PENSAMIENTO
Salomón escribió el libro de Eclesiastés, que es una prolongada descripción de un corazón errante.

En 1 Reyes, al final de la hermosa oración de petición de Salomón, él agregó algunos comentarios finales para el pueblo (un epílogo para la ocasión). Lea 1 Reyes 8:54-61 y describa lo que dijo sobre sus corazones, en particular en los versículos 58 y 61.

A continuación de las prolongadas oraciones y extenso epílogo de Salomón, los versículos del 62 al 66, describen la respuesta de Salomón y del pueblo de Dios. Explique lo que ellos hicieron y lo que usted percibe era la condición de sus corazones, en ese tiempo, en relación a su caminar con Dios.

Ahora avance a 1 Reyes 11, su Lectura Rápida de hoy y lea los versículos 1-8, recordando las palabras de Salomón sobre el corazón en 1 Reyes 8:58 y 61. Describa la condición del corazón de Salomón y las causas de ésta en 11:1-8, y compárelo con lo que lee en 8:58,61.

Asegúrese de que su estudio principal sea acerca de su corazón para que la imagen de Dios pueda ser en él implantada.
—Richard Baxter, autor puritano inglés del siglo diecisiete

En algún momento a lo largo de su vida Salomón descuidó su corazón, y depredadores y malas hierbas lo invadieron; y su corazón se apartó de Dios hacia otros dioses. Tome un momento para pensar en los depredadores y las malas hierbas que amenazan la salud de su propio corazón . Todos los tenemos. ¿Cuáles son los suyos? A veces escribiéndolos se vuelven más claros y fáciles de enfrentar.

Dame, Oh Señor, un corazón firme, que ningún afecto indigno pueda arrastrarlo; dame un corazón invencible, que no pueda ser consumido por ninguna tribulación; dame un corazón recto, que ningún propósito indigno pueda tentar. Concédeme también, Señor Dios, el entendimiento para conocerte, la diligencia para buscarte, la sabiduría para encontrarte y la fidelidad para poder finalmente dedicarme a Ti, por medio de Jesucristo nuestro Señor.

—Santo Tomás de Aquino, santo y teólogo italiano del siglo trece

¿Cómo podría usted, junto con Dios, tratar con éstos?

Versículo para Memorizar

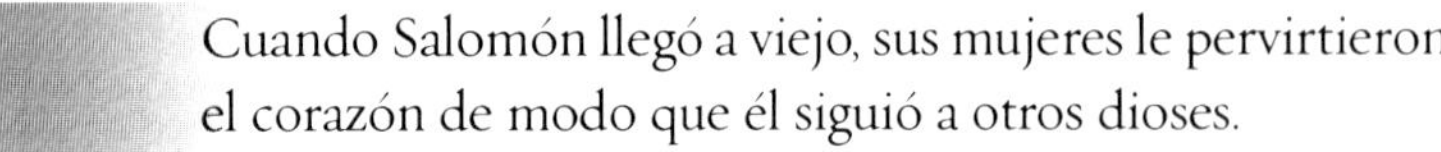

Cuando Salomón llegó a viejo, sus mujeres le pervirtieron el corazón de modo que él siguió a otros dioses.

1 Reyes 11:4

I REYES
[La División del Reino]

REPASO

1. El tema de 1 Reyes es un ______________________ dividido.

2. Un Capítulo Crucial es el 12, porque describe la ______________________ de Israel en dos naciones.

3. ______________________ es nuestro Personaje Importante porque se mantuvo firme ante Acab, el rey perverso y de los profetas de Baal.

4. Una Característica Destacable es el capítulo 8, ya que es, un ejemplo excelente de la oración de ______________________ .

5. Cuando ______________________ llegó a viejo, sus mujeres le pervirtieron el corazón de modo que él siguió a otros dioses.

1 REYES 11:________

2 REYES

[El Exilio del Reino]

Rechazaron los decretos y las advertencias del Señor

y el pacto que Él había hecho con sus antepasados.

2 REYES 17:15

SIETE

2 Reyes
[El Exilio del Reino]

INTRODUCCIÓN

Segundo libro de Reyes cubre el reinado de once reyes malvados en Israel, hasta su cautiverio por Asiria en el año 722 a.C.; y el reinado de 16 reyes en Judá, hasta su exilio a Babilonia en el año 586 a.C. Cuando Elías subió al cielo, el profeta Eliseo continuó la obra de hablar por Dios en Israel. Dios siguió obrando poderosamente a favor de su pueblo, pero al final, sus idolatrías y maldades hicieron que Dios los juzgara y los disciplinara.

Al final de Los Libros del Reino, Israel había sido dispersada, Jerusalén y el templo habían sido destruidos y Judá había sido llevada al exilio en Babilonia. El gran sueño, la esperanza por una nación que fuera bendición para todas las naciones, había sido destruido por la rebelión de Israel y de Judá, al rehusarse a obedecer y adorar al Dios único y verdadero.

2 Reyes
[El Exilio del Reino]

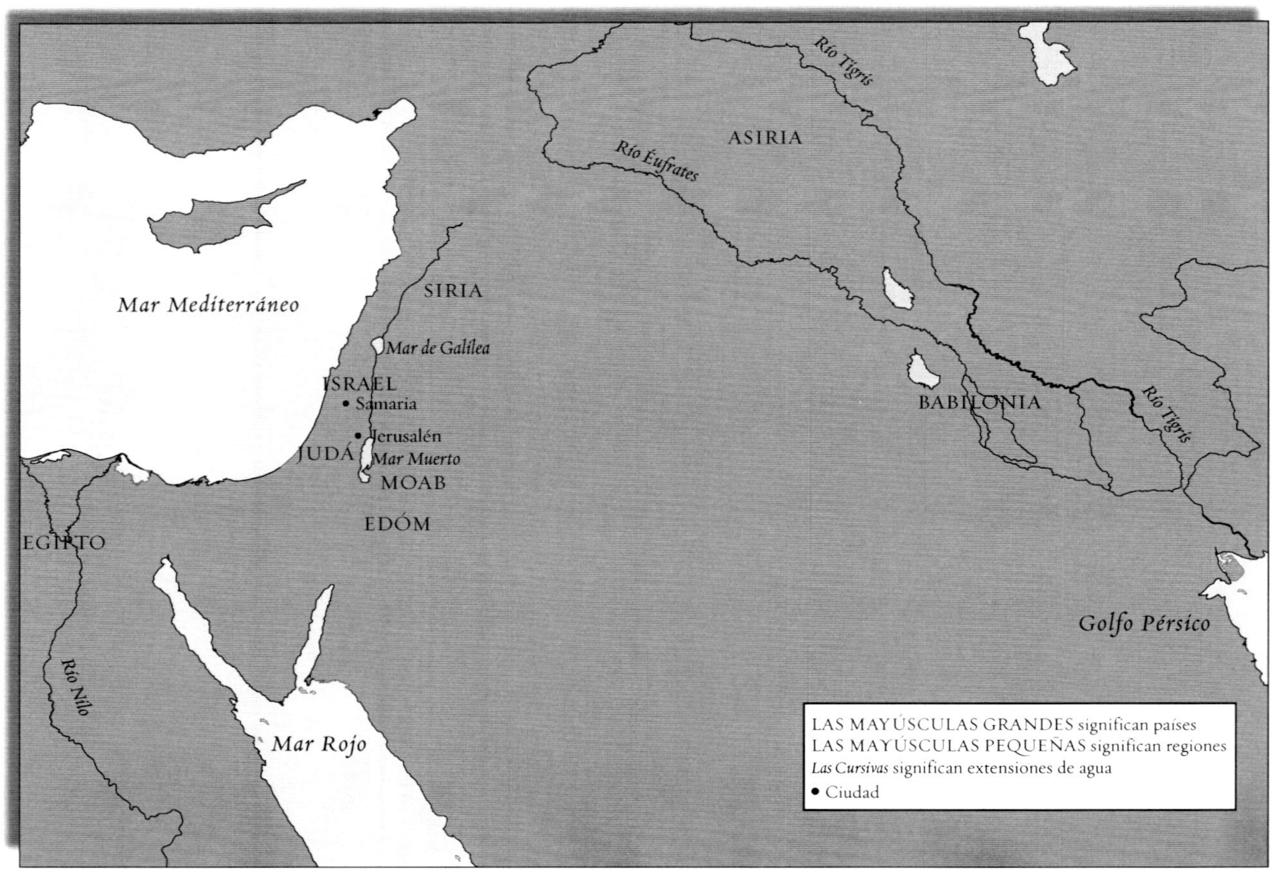

2 REYES
[El Exilio del Reino]

RESUMEN

¿QUIÉN? Autor: Probablemente Jeremías o "los hijos de los profetas"
Personajes principales: Elías, Eliseo, los reyes de Israel, los reyes de Judá

¿QUÉ? El deterioro y el cautiverio de los dos reinos

¿CUÁNDO? Israel: en los años 853-722 a.C.
Judá: en los años 853-586 a.C.
Babilonia: en los años 585-560 a.C.

¿DÓNDE? En Israel, el reino del norte, cuya capital era Samaria; en Judá, el reino del sur, cuya capital era Jerusalén; Babilonia

¿POR QUÉ? Los reyes guiaron al pueblo lejos de Dios y hacia el exilio

I. DIOS COMUNICÓ SUS ADVERTENCIAS POR MEDIO DE ELÍAS Y ELISEO.

A. Después de que Elías subió al cielo en una carroza de fuego, ELISEO le sucedió.

B. El ministerio de Eliseo en Israel era muy DIFERENTE al de Elías, su mentor.

C. El ministerio de Eliseo duró CINCUENTA años desde el Rey Jorán y hasta el Rey Joás.

D. Con el tiempo, Dios juzgará y DISCIPLINARÁ a Su pueblo.

II. LOS REYES DE ISRAEL IGNORARON LAS ADVERTENCIAS DE DIOS.

A. Todos los reyes del reino del norte eran MALOS.

B. El reino del norte duró DOSCIENTOS años.

C. Israel tuvo DIECINUEVE reyes.

D. Dios REMOVIÓ a Israel de Su vista.

E. En el año 722 a.C., los asirios conquistaron a Israel y DISPERSARON a las 10 tribus.

III. Los reyes de Judá ignoraron las advertencias de Dios.

A. Judá tuvo Veinte reyes.

B. Los reyes que hicieron lo correcto sólo fueron Ocho.

C. Dios removió a Judá de Su presencia.

D. Los Babilonios conquistaron las tribus del sur en el año 586 a.C.

E. El pueblo fue llevado al Exilio en Babilonia por setenta años.

Aplicación

A dónde el líder va, allí va el pueblo. Usted, ¿a quiénes está guiando? ¿A dónde los está llevando?

2 Reyes
[El Exilio del Reino]

Aprendiendo para La Vida

1. Revise la historia de Israel desde el libro de Josué hasta el libro 2 Reyes (esfuerzo de grupo).
2. ¿Qué papel tuvo Eliseo en la historia de Israel?
3. ¿Cómo, por qué y por medio de qué país Dios castigó a Israel?
4. ¿Cómo, por qué y por medio de qué país Dios castigó a Judá?
5. ¿Qué lección aprendió usted del video en 2 Reyes y cómo puede aplicarla a su vida?

2 REYES
[El Exilio del Reino]

¿SABÍA USTED?
Los "hijos de los profetas" (2 Reyes 2:3) probablemente fueron jóvenes que estudiaban la ley y la historia de Israel, preparándose así para enseñar al pueblo.

DÍA UNO

LECTURA COMPLETA: Capítulos 1-5
LECTURA RÁPIDA: Capítulos 1-2

LA ILUSTRACIÓN PRINCIPAL

Jeremías fue un profeta para la nación de Judá durante los últimos días de su caída (justo antes de su cautiverio). Varias veces, en sus mensajes para el pueblo, él capturó la esencia de sus corazones al hablarles la palabra de Dios:

> Con todo, no me obedecieron ni me prestaron atención, sino que se obstinaron y fueron peores que sus antepasados."
>
> JEREMÍAS 7:26

> Pero ellos no me prestaron atención, ni me obedecieron, sino que se obstinaron y no quisieron escuchar ni recibir corrección.
>
> JEREMÍAS 17:23

> Así dice el Señor Todopoderoso, el Dios de Israel: "Como esta ciudad y todos sus pueblos vecinos se han obstinado en desobedecer mis palabras, voy a mandarles toda la calamidad que les había prometido".
>
> JEREMÍAS 19:15

¡Arrodíllense, rodillas tercas!
—WILLIAM SHAKESPEARE, poeta y dramático inglés del siglo dieciséis

El autor de Proverbios 29:1 dice: "El que es reacio a las reprensiones será destruido de repente y sin remedio." En el libro de 2 Reyes, ambas naciones, Israel y Judá, se obstinaron continuamente a las poderosas palabras de reprensión de Dios y a Sus tiernas invitaciones al arrepentimiento. Ocasionalmente, ellos respondieron, pero esto fue siempre por muy poco tiempo. Esta trayectoria cuesta abajo, terminó con el cautiverio bajo naciones extranjeras. El cuadro que sigue muestra las amplias divisiones de esta historia:

NOTA
El ministerio de Elías duró aproximadamente sesenta y seis años.

<table>
<tr><td colspan="2">Prolongación de la Caída de Israel y de Judá</td><td colspan="2">Cautiverio de Israel por Asiria</td><td colspan="2">Prolongación de la Caída de Judá</td><td colspan="2">Cautiverio de Judá por Babilonia</td></tr>
<tr><td>1</td><td>12</td><td>13</td><td>17</td><td>18</td><td>23</td><td>24</td><td>25</td></tr>
<tr><td colspan="4">El Reino Dividido</td><td colspan="4">El Reino Sobreviviente</td></tr>
<tr><td colspan="8">Las Dos Naciones se Desintegran</td></tr>
</table>

Segunda de Reyes intercala las historias de las dos naciones. Por varios años seguimos la historia de Israel y luego nos ponemos al día con la historia de Judá. Volvemos a la de Israel y otra vez a la de Judá, y así sucesivamente. Una vez que se ha registrado el cautiverio de Israel por Asiria en el año 722 a.C., en el capítulo 17, el resto del libro relata las crónicas del deterioro final de Judá y, con el tiempo, el cautiverio por Babilonia en el año 586 a.C.

El día uno de su estudio de 1 Reyes incluyó la información sobre el título y el autor de 2 Reyes. He aquí unos datos cronológicos que le ayudaran a obtener una perspectiva de cómo fue el periodo de 2 Reyes:

El arrepentimiento quizás sea anticuado, pero mientras exista el pecado, no pasa de moda.
—J. C. Macaulay, predicador y autor

- La nación de Israel: dura 209 años (931–722 a.C.)
- La nación de Judá: dura 345 años (931–586 a.C.)
- 2 Reyes 1-17: cubre 131 años (853–722 a.C.)
- 2 Reyes 18-25: cubre 155 años (715–560 a.C.)

El libro de 2 Reyes registra la idolatría, la inmoralidad y la desunión ocurrida durante 293 años (853–560 a.C.), con solo unos períodos breves de verdadera: alabanza, moralidad y unidad.

Aunque 2 Reyes es la continuación y finalización del relato empezado en 1 Reyes, es de beneficio comparar y contrastar los dos libros, como lo haremos en la siguiente gráfica:

1 Reyes	2 Reyes
Empieza con David, rey de Israel	Empieza con Nabucodonosor, rey de Babilonia
La gloria de Salomón	La vergüenza de Joaquín
El templo construido y consagrado	El templo deshonrado y destruido
Empieza con las bendiciones por causa de la obediencia	Termina con el juicio por causa de la desobediencia
El crecimiento de la apostasía	Las consecuencias de la apostasía
La división de un reino unido	La destrucción de los dos reinos

Mientras lee 2 Reyes, pídale a Dios que le haga consciente del peligro de una respuesta obstinada cuando en su vida, Dios le insiste, le motiva y le pide.

El arrepentimiento verdadero tiene un aspecto doble. Mira a las cosas del pasado con un ojo que llora y a las del futuro con un ojo vigilante.

—Robert South, predicador inglés del siglo diecisiete

Versículo para Memorizar

Rechazaron los decretos y las advertencias del Señor y el pacto que Él había hecho con sus antepasados.

2 Reyes 17:15

¡REPASE ESTO!
El tema de 2 Reyes es la caída y el cautiverio de los dos Reinos.

2 Reyes
[El Exilio del Reino]

DÍA DOS

Lectura Completa: Capítulos 6-10
Lectura Rápida: Capítulos 18-19

Personaje Importante Número 1

Los reyes son los Personajes Importantes en el libro de 2 Reyes, por eso estudiaremos dos de ellos esta semana, omitiendo el Capítulo Crucial y añadiendo a cambio otro Personaje Importante.

Una de las ideas básicas del liderazgo es que: un líder define la realidad. Warren Bennis y Burt Nanus dan un buen ejemplo de esto:

> La confianza en "alguien" para definir la realidad en un grupo está bien ilustrada en una anécdota favorita: una anécdota de béisbol. Ésta ocurre en la última entrada en un juego muy importante de un campeonato final, en la novena entrada, con 3-2 sobre el bateador. Cuando el lanzador lanza el tiro final, el árbitro duda por una fracción de segundo; el bateador, con enojo, da la vuelta y dice: "Bueno, ¿qué fue?" El árbitro, a continuación, responde, "No es nada . . . hasta que yo diga."[1]

Ezequías, el treceavo rey de Judá, la nación al sur, fue uno de los pocos reyes de una nación o de la otra, de quienes está escrito: "Ezequías hizo lo que agrada al Señor" (2 Reyes 18: 3). Lo fundamental para que él hiciera lo correcto fue su habilidad para llevar a cabo la idea básica de un líder: definir la realidad; y cuando él la definió, lo hizo correctamente.

Aunque él solo tenía veinticinco años cuando tomó el trono de Judá (2 Reyes 18:2), él ya poseía una gran habilidad para ver lo que

TRÁGICO
Ezequías fue uno de los reyes en Judá más devotos de Dios y fue seguido en el trono por su hijo, Manasés, el rey más impío de Judá.

El hombre que quiere dirigir a la orquesta debe darle la espalda a la multitud.
—James Crook, escritor

se necesitaba hacer y de inmediato ponerlo en marcha. Un punto de interés es que todo lo que él podría haber recibido como modelo de su padre, Acaz, era negativo, tal y como está escrito: "Acaz no hizo lo que agradaba al Señor su Dios" (2 Reyes 16:2).

Lea 2 Reyes 18:1-8 y haga una lista de los éxitos de Ezequías que son descritos ahí.

¿SABIA USTED?
Parte de la historia de Ezequías se encuentra en Isaías 36-39.

Basado en lo que Ezequías hizo, describa usted con sus propias palabras cómo cree que Ezequías tuvo que haber definido la realidad, cuando él se convirtió en rey y analizó la situación.

Lea 2 Reyes 18:13-27 para que se dé una idea de lo que estaba sucediendo en ese tiempo. Luego lea 19:1-7 y describa nuevamente cómo Ezequiel tuvo que haber definido la realidad, basado en la acción que él tomó.

La realidad suele ser algo que usted no hubiera sospechado.
—C. S. Lewis, novelista, ensayista y apologista cristiano inglés

Empezando con 19:8, Ezequías enfrentó otra situación que requería una evaluación honesta y una definición clara de la realidad; y obviamente, su definición de ésta, determinó la acción que tomó. Al leer 19:8-20, 32-37, describa lo que Ezequías definió como la realidad, la acción que tomó y lo que resultó.

Necesitamos un bautismo de visión clara. Desesperadamente necesitamos a aquellos que pueden ver en medio de la neblina: Líderes cristianos con una visión profética.

—A. W. Tozer, autor y teológico del siglo veinte

Una y otra vez, Ezequías fue capaz de ver la situación, de decidir lo que era necesario hacerse, o a quién él necesitaba pedir ayuda, para entonces hacerlo prontamente. Al vivir usted su vida, ¿qué tan bien percibe usted la realidad; qué tan bien la define y luego responde de manera adecuada? ¿Existe acaso un nuevo nivel de entendimiento, de discernimiento o de valor, que usted necesite pedir a Dios que desarrolle en usted para que sea más hábil?

Versículo para Memorizar

Rechazaron los decretos y las advertencias del Señor y el pacto que Él había hecho con sus antepasados.

2 Reyes 17:15

¡REPASE ESTO! Ezequías es el Personaje Importante porque fue capaz de definir la realidad y responder acorde a ésta.

2 Reyes
[El Exilio del Reino]

ALGO PARA PENSAR
De los diecinueve reyes de Israel, ninguno fue devoto de Dios; de los veinte reyes de Judá, sólo ocho fueron devotos de Dios.

DÍA TRES

Lectura Completa: Capítulos 11-15
Lectura Rápida: Capítulo 21

Personaje Importante Número 2

Jonathan Edwards, nacido en 1703, fue uno de los teólogos, pastores, autores y autoridades en la materia, más destacados de los Estados Unidos. Él y su esposa tuvieron once niños. De sus descendientes conocidos, se sabe que:

- Más de 300 fueron pastores, misioneros o profesores teológicos
- 120 fueron profesores en varias universidades
- 110 fueron abogados
- 60 fueron autores destacados
- 30 fueron jueces
- 14 sirvieron como presidentes de universidades y colegios
- 3 sirvieron en el Congreso de los Estados Unidos
- 1 fue vice-presidente de los Estados Unidos[2]

Esta es de la peor maldad, que nos negamos a reconocer el mal apasionado que está en nosotros. Esto nos convierte en personas hipócritas y corruptas.

—D. H. Lawrence, novelista ingles

Si usted sabe algo sobre la vida de Edwards, puede ser que se sienta tentado a decir, "Bien, tiene sentido. Un hombre tan piadoso ciertamente produciría unos descendientes devotos"; pero por alguna razón y solamente Dios sabe por qué, esto no siempre sucede. Éste es exactamente el caso con nuestro Personaje Importante Número 2: Manasés. Su padre, Ezequías, cuya vida estudiamos en el día dos "hizo lo que agrada al Señor" (2 Reyes 18:3). Pero,

"Manasés hizo lo que ofende al SEÑOR, pues practicaba las repugnantes ceremonias de las naciones que el Señor había expulsado delante de los israelitas." (2 Reyes 21:2).

2 Reyes 21:1-9 es un catálogo de las abominaciones que Manasés, rey de Judá, cometió. Enumere estas abominaciones y cuando sea provechoso, descríbalas. Nota: Un buen diccionario bíblico puede ayudarle con los términos y las frases como: "Baal", "Asera" y "sacrificó a su propio hijo en el fuego (sacrificio de niños)".

IRÓNICO
Manasés, el rey más perverso de Judá, reinó por más tiempo que cualquier otro rey: cincuenta y cinco años.

¿Qué pensamientos y sentimientos tiene usted al estudiar estos versículos?

¿Mientras estudió este material, qué reflexiones hizo usted sobre la naturaleza humana?

Dios respondió a la maldad de Manasés de una manera muy fuerte. 2 Reyes 21:10-15 describe de varias formas lo que Dios hizo y cuáles fueron los resultados. Explique estos claramente en forma escrita.

La mayoría de la gente se arrepiente de sus pecados, dando gracias a Dios porque ellos no son tan malos como sus vecinos.

—JOSH BILLINGS, humorista aforístico norteamericano del siglo diecinueve

Nuestra tarea es la de enseñar fielmente los caminos de Dios a nuestros niños. Es la obra del Espíritu Santo el trabajar con la palabra de Dios, para cambiar sus corazones. Aunque el Espíritu los ilumina y les da avivamiento, sus vidas son de crecimiento progresivo.

—Tedd Tripp,[3]

¿Qué pensamientos y sensaciones sintió usted al estudiar estos versículos?

¿Qué reflexiones sobre el carácter de Dios hizo usted mientras estudió este material?

Estudiar abominaciones como éstas, cometidas por el hijo de un hombre devoto, puede darnos en qué pensar. ¿Cómo le ha afectado este estudio a usted?

¡REPASE ESTO! Manases es el Personaje Importante Número 2 porque cometió abominaciones peores que cualquier otro rey de Judá.

Versículo para Memorizar

Rechazaron los decretos y las advertencias del Señor y el pacto que Él había hecho con sus antepasados.

2 Reyes 17:15

DÍA CUATRO

Lectura Completa: Capítulos 16-20
Lectura Rápida: Capítulos 17:1-18; 24-25

Una Característica Destacable

En el año 49 d.C., el apóstol Pablo escribió: "No se engañen: de Dios nadie se burla. Cada uno cosecha lo que siembra" (Gálatas 6:7).

En el año 722 a.C. (771 años antes de que Pablo escribiera estas palabras), la parte norte del reino de Israel experimentó esta verdad. Ellos sembraron idolatría y cosecharon el cautiverio de Asiria, la potencia mundial en ese momento.

En el año 586 a.C. (636 años antes de que Pablo escribiera estas palabras), en el sur, el reino de Judá experimentó esta misma verdad. Ellos sembraron idolatría y cosecharon el cautiverio de Babilonia, la potencia mundial en ese momento.

La política exterior de Asiria era dispersar a los pueblos conquistados, a diferentes partes del mundo, evitando así que se aliaran en una fuerza rebelde; y fue así como las diez tribus de Israel fueron esparcidas por diferentes lugares en todo el Cercano Oriente.

La política exterior de Babilonia era reubicar a los pueblos conquistados en Babilonia, ya que para ellos era más fácil tenerlos bajo control, manteniéndolos cerca. Por lo tanto, las dos tribus de Judá tomaron su residencia en Babilonia.

Segunda de Reyes 17:1-6 describe brevemente el sitio y el cautiverio de Israel. Los versículos 7-18 continúan describiendo lo que los israelitas habían sembrado, y lo que cosecharon.

¡INTERESANTE! Israel tuvo nueve dinastías; Judá solamente tuvo una (David).

Nada de lo que pertenece a la devoción y a la verdadera santidad se puede lograr sin la gracia.
—San Agustín de Hipona, obispo de la iglesia primitiva en el norte de África

NOTA
Durante el cautiverio de Asiria, los israelitas fueron reubicados en terrenos a una distancia de 400 a 1000 millas de separación de su capital Samaria.

Resuma estos pecados de una manera que para usted tenga significado.

¿Qué le dice a usted el Versículo 13 acerca del corazón de Dios?

Los capítulos 24 y 25 describen el cautiverio de Judá por Babilonia. Este exilio de Judá a Babilonia se produjo en tres etapas:

605 a.C.	597 a.C.	586 a.C.
El Rey Joacim	El Rey Joaquín	El Rey Sedequías
2 Reyes 24:1-7	2 Reyes 24:8-16	2 Reyes 24:17–25:21

Sembrar no es tan difícil como cosechar.
—Johann Wolfgang von Goethe, poeta alemán

La descripción del cautiverio de Israel en 2 Reyes 17 se centra en los pecados cometidos por Israel, en contraste con la descripción del cautiverio de Judá, que se centra en la destrucción perpetrada por Babilonia. Al leer 2 Reyes 24:1-25:21, resuma esa destrucción al aplicarla a las siguientes personas y lugares.

El pueblo:

La ciudad:

El templo:

El rey:

Estos dos cautiverios son momentos tristes en la historia bíblica. En ellos, vemos a Dios en la necesidad de disciplinar de forma severa a su propio pueblo. Él ya les había advertido una y otra vez durante siglos, y al final, cosecharon lo que sembraron. Después de la disciplina, Dios los trajo de vuelta hacia Él mismo, Él no se dio por vencido con ellos ni los descartó. Después del juicio, todavía había esperanza. De hecho, Israel nunca más volvería a adorar ídolos, pero en este punto en la historia, sólo había tristeza.

En su vida personal, ¿ha tenido usted alguna experiencia con el principio de: "lo que siembras, cosechas"? Describa sus experiencias abiertamente si se siente cómodo haciéndolo.

¿SABIA USTED?
Durante este tiempo, Glauco de Quíos inventó la soldadura de hierro.

Reconozco claramente que todo lo bueno solamente está en Dios y que en mí, sin Su Divina Gracia, sólo hay deficiencia. . . . la única cosa en mí en la que puedo gloriarme, es que en mí misma, no veo nada en lo cual pueda gloriarme.

—Catalina de Génova, mística y santa italiana del siglo quince

Medite en la gracia de Dios que le trajo de nuevo a Él. Después agradézcale por Su gracia, siempre presente, aún en medio de la disciplina.

> Porque el Señor disciplina a los que ama, y azota a todo el que Él recibe como hijo. Lo que soportan es para su disciplina, pues Dios los está tratando como a hijos. ¿Qué hijo hay a quien el padre no disciplina? . . . En efecto, nuestros padres nos disciplinaron por un tiempo breve, de la manera que mejor les pareció; pero Dios lo hace para nuestro bien, a fin de que participemos de su santidad. Ciertamente, ninguna disciplina, en el momento de recibirla, parece agradable, sino más bien penosa; sin embargo, después produce una cosecha de justicia y paz para quienes han sido entrenados por ella.
>
> HEBREOS 12:6-7,10-11

¡Oh! ¡Por un espíritu que se incline siempre ante la soberanía de Dios!

—CHARLES SPURGEON, predicador británico del siglo diecinueve

VERSÍCULO PARA MEMORIZAR

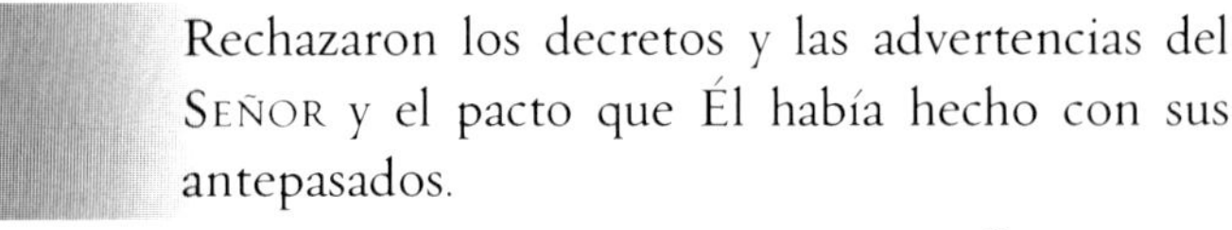

Rechazaron los decretos y las advertencias del SEÑOR y el pacto que Él había hecho con sus antepasados.

2 REYES 17:15

¡REPASE ESTO! Nuestra Característica Destacable son los dos cautiverios y como éstos claramente ilustran el principio: lo que siembras, cosechas.

Día Cinco

Lectura Completa: Capítulos 21-25
Lectura Rápida: Capítulos 22-23

Un Principio Eterno

Juan Crisóstomo, uno de los padres de la iglesia, del siglo IV, hizo hincapié en la importancia del contacto constante con la Palabra de Dios:

> Su cónyuge le provoca, por ejemplo, su hijo le aflige, su siervo le enoja, su enemigo conspira en contra suya, su amigo le envidia, su vecino le maldice, su compañero de armas le hace caer, una demanda legal le amenaza, la pobreza le preocupa, la pérdida de su propiedad le da aflicción, la prosperidad le llena de orgullo, la desgracia le deprime. Muchas son las causas y obsesiones que nos rodean para el desánimo y el sufrimiento; para la vanidad y la desesperación; y una multitud de mísiles caen de todos lados. Por lo tanto, tenemos una necesidad permanente de toda la armadura de las Escrituras . . . Nosotros debemos cuidadosamente apagar los dardos del diablo y echarlos fuera, a través de la lectura continua de las Sagradas Escrituras. Porque no es posible; no es posible para nadie, el ser salvo, sin tomar constante ventaja de la lectura espiritual.[4]

Una y otra vez, Dios subraya también la importancia de las Escrituras. Tenga en cuenta estos tres pasajes:

LEGADO
Josías siguió los pasos piadosos de su bisabuelo Ezequías.

Él me ayudó a entender lo que es una meditación diaria en la Escritura, en la que uno no lee por conocimiento o información, sino para mejorar la vida de fe.

—Kathleen Norris, poeta y autor

¡WOW!
¡Josías comenzó a reinar cuando tenía ocho años!

> "Medita en él de día y de noche".
>
> Josué 1:8

> "Son más deseables que el oro, más que mucho oro refinado".
>
> Salmos 19:10

> "Toda la Escritura es inspirada por Dios y útil para enseñar, para reprender, para corregir y para instruir en la justicia".
>
> 2 Timoteo 3:16

Los deseos de Dios para los reyes de Su pueblo no eran diferentes. En el Día Uno de nuestro estudio de 1 de Reyes, nos fijamos en Deuteronomio 17 y vimos las instrucciones dadas por Dios para los reyes, cuatrocientos años antes de que un rey terrenal gobernara a Su pueblo. Pero hay más en este gran pasaje. Lea Deuteronomio 17:18-20 y escriba lo que el rey tenía que hacer con respecto a la ley de Dios y por qué se suponía que debía hacerlo.

Una gema de ese océano vale todas las piedras de los arroyos terrenales.

—Robert M'Cheyne, pastor y evangelista escocés del siglo diecinueve

Ahora mire su Lectura Rápida de hoy y resuma con sus propias palabras lo que ocurre en el capítulo 22. ¿Qué le dice esto acerca de la respuesta de los reyes a lo largo de los años a Deuteronomio 17:18-20?

El capítulo 23 es una crónica de la respuesta de Josías a la lectura de las Escrituras que habían sido encontradas. De una manera que sea útil para usted, resuma todo lo que él hizo en respuesta a lo que leyó.

¿SABÍA USTED?
Durante este tiempo, los poetas griegos Tirteo y Mimnermo escribieron elegías y canciones al amor y a la guerra.

Nuestras actitudes, con frecuencia, se hacen visibles a través de nuestras acciones. ¿Cómo describiría la actitud de Josías en todo este proceso?

Hebreos 4:12 dice, "Ciertamente la palabra de Dios es viva y poderosa y más cortante que cualquier espada de dos filos, penetra hasta lo más profundo del alma y del espíritu, hasta la médula de los huesos y juzga los pensamientos y las intenciones del corazón."

La Palabra de Dios, obviamente, tuvo este efecto sobre Josías y es probable que sobre muchas de las personas a su alrededor. ¿Puede describir un momento en su vida, cuando las Escrituras le impactaron de tal manera que usted respondió sin demora? Describa los detalles de esa experiencia.

A través de Sus palabras es que conocemos a Dios mismo, Su perfecta voluntad, Su manera de ver las cosas, Sus deseos más íntimos y Su santo rostro.

—Carlo Caretto, escritor católico espiritual del siglo veinte

Para que la Palabra de Dios tenga esa clase de poder en nuestras vidas, debemos practicar, en las palabras de Juan Crisóstomo una "lectura continua de las Sagradas Escrituras". A medida que usted evalúa sus propios hábitos de contacto personal con la Biblia, ¿ve ajustes qué necesita hacer? Si es así, ¿cuáles son y cómo puede usted comenzar a hacerlos?

Qué sería de nosotros si creyéramos más profundamente la verdad: ¡Dios habla! ¡Dios me habla! Este es el corazón de la oración, que Dios, en la Escritura, me está hablando directamente a mí.

—Edward J. Farrell, autor y director espiritual

Versículo para Memorizar

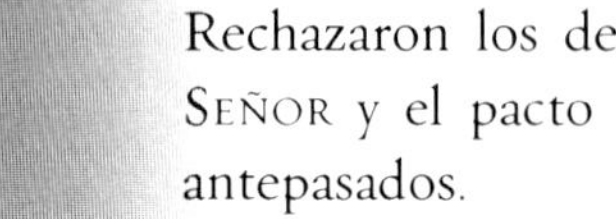

Rechazaron los decretos y las advertencias del Señor y el pacto que Él había hecho con sus antepasados.

2 Reyes 17:15

REPASO

1. El tema de 2 Reyes es la caída y el ____________________ de los dos Reinos.

2. ____________________ es el Personaje Importante porque fue capaz de definir la realidad y responder acorde a ésta.

3. ____________________ es el Personaje Importante Número 2 porque cometió abominaciones peores que cualquier otro rey de Judá.

4. Nuestra Característica Destacable son los dos ____________________ y como éstos claramente ilustran el principio: lo que siembras, cosechas.

5. Rechazaron los decretos y las advertencias del Señor y el ____________________ que Él había hecho con sus antepasados.

2 Reyes 17:________

Revisión Comprensiva de los
LIBROS DEL REINO

Josué

1. El tema de Josué es: la conquista y la población de la Tierra ___________________ .

2. Nuestro Capítulo Crucial es el 1, ya que muestra la transición de Josué a la posición de liderazgo que había desempeñado ______________________ .

3. En el libro ____________________ , es un Personaje Importante, quien muestra un carácter fuerte y piadoso.

4. A Una Característica Destacable en Josué, es la contribución del anciano __________________ .

5. Así fue como el Señor les entregó a los israelitas todo el ______________________ que había prometido darles a sus antepasados; y el pueblo de Israel se estableció allí.

Josué 21:________

Jueces

1. El tema de los jueces es que: cada uno hacía lo que le parecía __________________ .

2. Nuestro Capítulo Crucial es el 1, ya que describe el fracaso en expulsar a los ______________________ de la tierra.

3. La sucesión de los siete _____________ en los que se dan los mismos eventos, es una Característica Destacable de los Jueces.

4. Los _______________________ son los Personajes Importantes en el libro de Jueces y cumplían con una gran cantidad de responsabilidades.

5. "En aquella época no había ______________________ en Israel; cada uno hacía lo que le parecía mejor."

JUECES 21:________

RUT

1. El tema de Rut es: El cumplimiento de la ley del pariente ____________________.

2. Nuestro Capítulo Crucial es el ____________________, porque nos prepara para el episodio del pariente redentor.

3. Nuestro Personaje Importante es ____________________, por su lucha contra la amargura, a la luz de las dificultades enfrentadas en su vida.

4. La Característica Destacable del libro de Rut es el concepto del ________ redentor.

5. ¡Alabado sea el SEÑOR, que no te ha dejado hoy sin un __________________!

RUT 4:________

1 SAMUEL

1. El tema de 1 Samuel es "¡Danos un _____________!"—Israel se convierte en una monarquía.

2. El capítulo 8 es el Capítulo Crucial, porque es el puente que mueve a Israel de una teocracia a una ______________________.

3. _________________________ es un Personaje Importante porque tenía todas las características de un gran Rey.

4. Saúl fue un Personaje Importante porque sus ______________________ superaron sus virtudes y lo condujeron a pecar y a la pérdida de su realeza.

5. La gente se fija en las apariencias, pero Yo me fijo en el _____________.

1 SAMUEL 16:________

2 Samuel

1. El tema de 2 Samuel es: David establece la ______________________.

2. Nuestro Capítulo Crucial es el 7, porque en él, Dios instituye el pacto ______________.

3. Nuestro Personaje Importante es ______________, un hombre conforme al corazón de Dios.

4. El capítulo 22 es una Característica Destacable, porque el muestra el ______________ poderoso en medio de nuestras tribulaciones.

5. "Entonces la dinastía de tu siervo ______________ quedará establecida en tu presencia."

2 Samuel 7:______

1 Reyes

1. El tema de 1 Reyes es un ________________ dividido.

2. Un Capítulo Crucial es el 12, porque describe la ______________ de Israel en dos naciones.

3. ________________ es nuestro Personaje Importante porque se mantuvo firme ante Acab, el rey perverso y de los profetas de Baal.

4. Una Característica Destacable es el capítulo 8, ya que es, un ejemplo excelente de la oración de ________________ .

5. Cuando ________________ llegó a viejo, sus mujeres le pervirtieron el corazón de modo que él siguió a otros dioses.

1 Reyes 11:______

2 Reyes

1. El tema de 2 Reyes es la caída y el ____________________ de los dos Reinos.

2. _________________________ es el Personaje Importante porque fue capaz de definir la realidad y responder acorde a ésta.

3. ________________________ es el Personaje Importante Número 2, porque cometió abominaciones peores que cualquier otro rey de Judá.

4. Nuestra Característica Destacable son los dos ________________________ y como éstos claramente ilustran el principio: lo que siembras, cosechas.

5. Rechazaron los decretos y las advertencias del Señor y el ______________________ que Él había hecho con sus antepasados.

2 Reyes 17:_______

¡FELICITACIONES!

Usted acaba de completar Los Libros del Reino y es nuestra oración (porque realmente estamos orando por usted) que haya aprendido para la vida lo que contienen los doce primeros libros de la Biblia.

En el Pentateuco y Los Libros del Reino hemos recorrido: del Jardín del Edén a Canaán, luego a Egipto y al Monte Sinaí; a través del desierto y de nuevo a Canaán. Hemos visto a los hijos de Israel confiar en Dios y conquistar la tierra que les había dado. Hemos observado cómo se apartaron de su Dios santo, y abrazaron a dioses falsos y sus formas perversas de culto. El pueblo ha sido conquistado y ha sido redimido por la gracia de Dios; la nación se ha dividido en dos y ha estado gobernada por diferentes reyes. Todos los gobernantes de Israel han sido malos; pero en Judá hubo varios reyes buenos, y ha disfrutado tiempos de gran avivamiento espiritual. Al final de 2 Reyes, todo ha sido destruido, incluyendo las dos naciones, Jerusalén y lo más importante, el templo del Dios viviente. Todo está perdido y al parecer sin esperanza.

Pero por encima de esto, Dios es un ¡Dios de esperanza! Ahora usted ha completado el Set Dos de la Colección Maravillosa, y esperamos que usted haya visto: la majestad, el poder, el amor y la fidelidad de Dios; y que no olvidará el hecho de que Dios es también un juez y disciplina a sus hijos. Él, sin embargo, no los dejará sin esperanza.

Al empezar el Set Tres, Los Libros Posteriores al Exilio, podrá ver de nuevo que Dios no ha olvidado a Sus hijos, ni ha olvidado Sus promesas. Él los traerá de regreso a Jerusalén y les ayudará a reconstruir el templo y restaurar el pueblo para la adoración.

¡Avancemos! El viaje a través de la Biblia continúa con Los Libros Posteriores al Exilio. ¡Este es un viaje increíble!, es una ¡Colección Maravillosa!

La Relación Cronológica de los Libros del Antiguo Testamento

Los Estados Modernos y El Antiguo Cercano Oriente

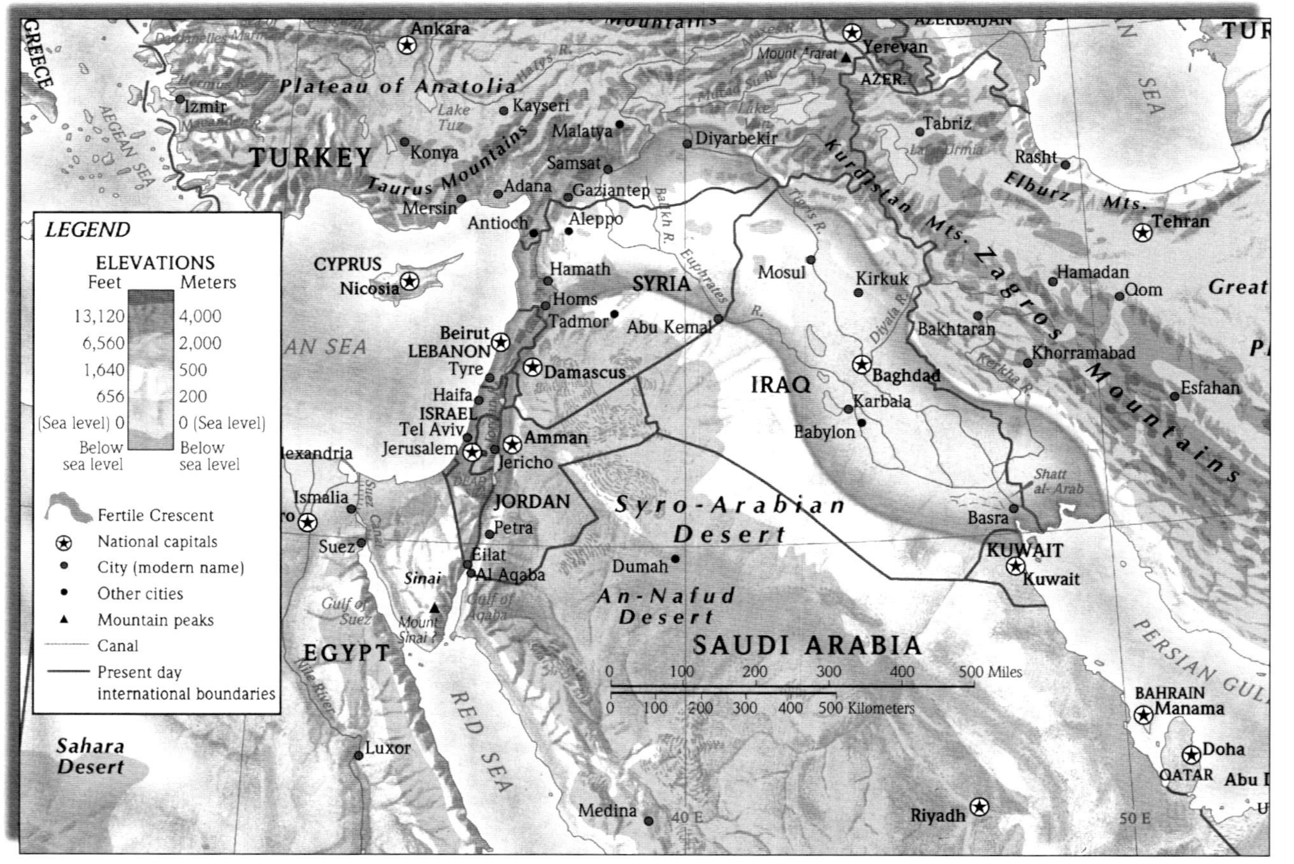

Los Estados Modernos y el Antiguo Cercano Oriente del Atlas de la Biblia de Holman © 1998.
Usado con permiso para publicación de la Biblia de Holman.

Las Asignaciones Tribales de Israel

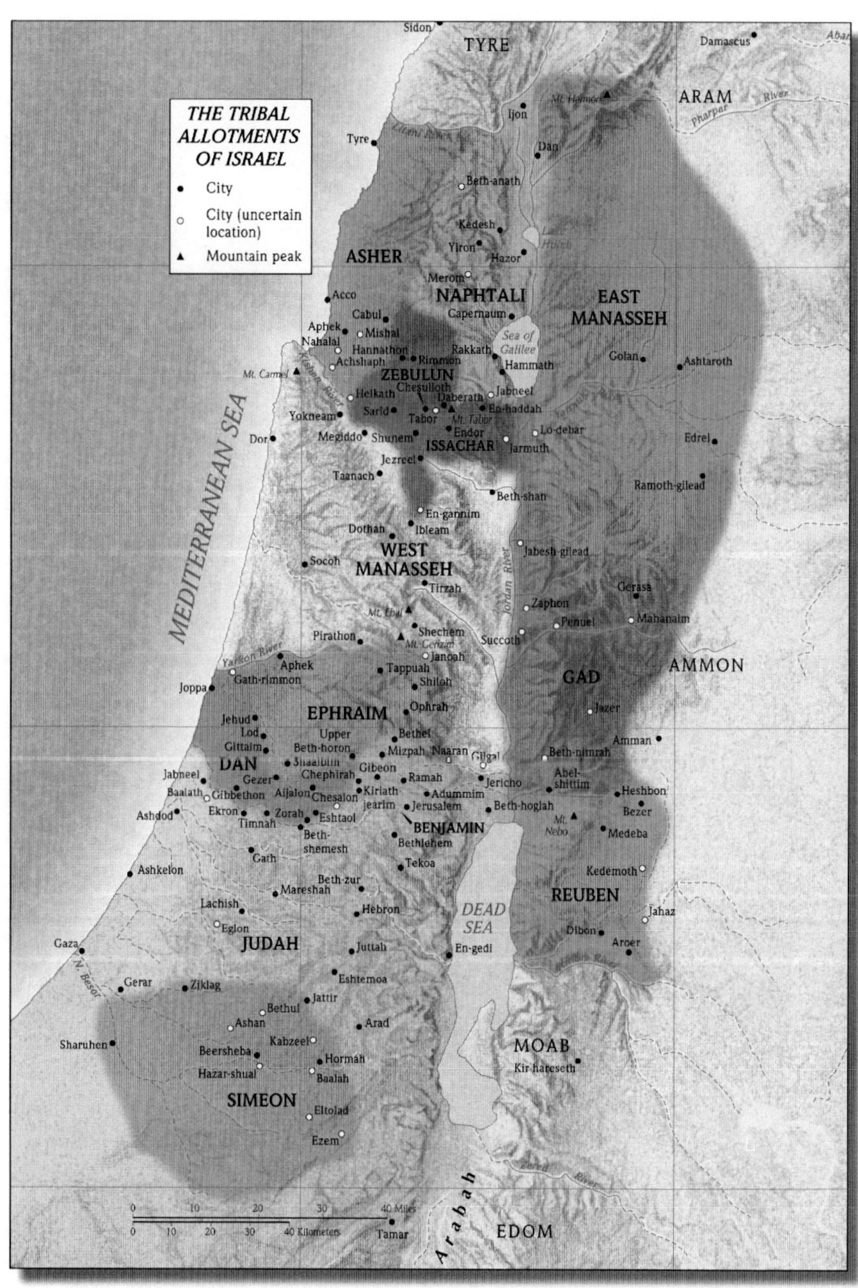

Los Jueces de Israel

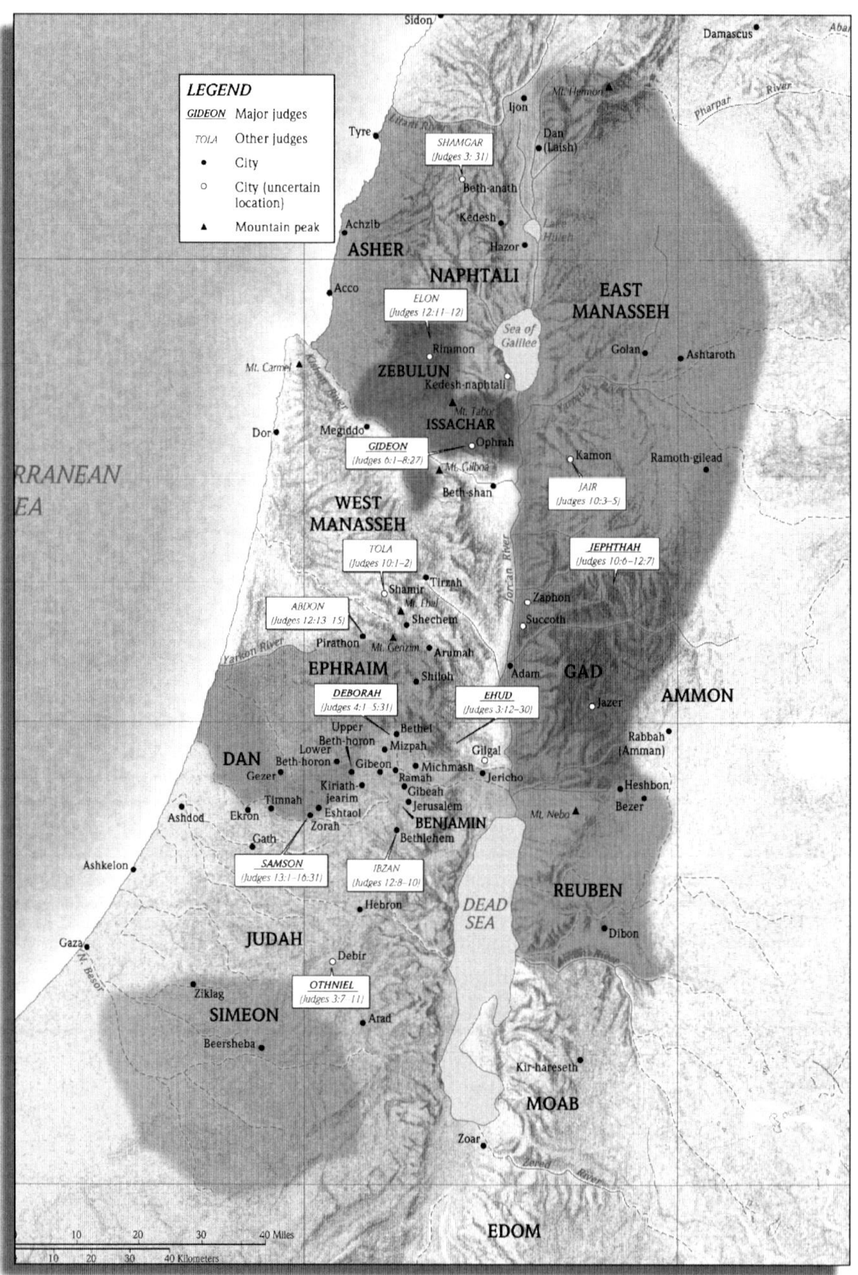

Los Jueces de Israel del Atlas de la Biblia de Holman © 1998.
Usado con permiso para publicación de la Biblia de Holman.

Los Reinos de David y de Salomón

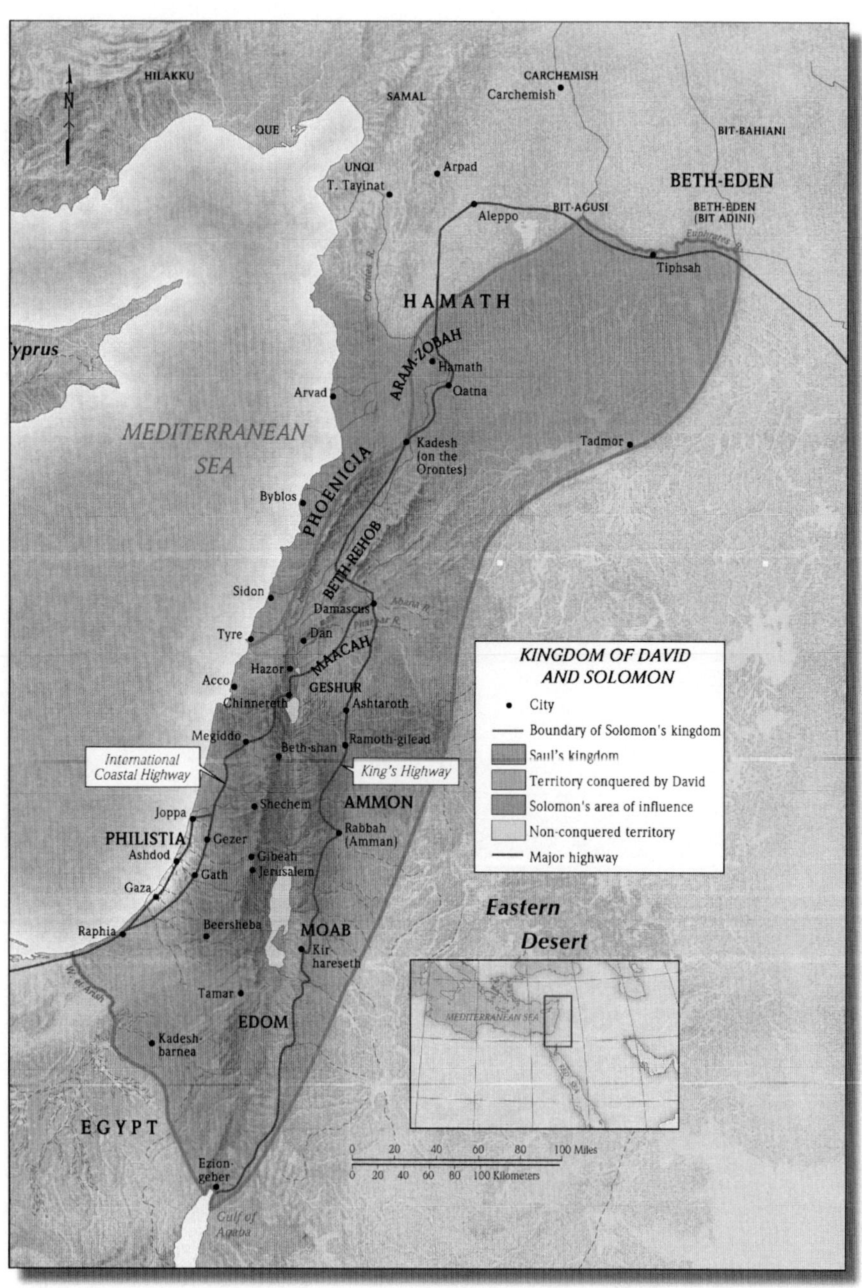

Los Reinos de Israel y de Judá

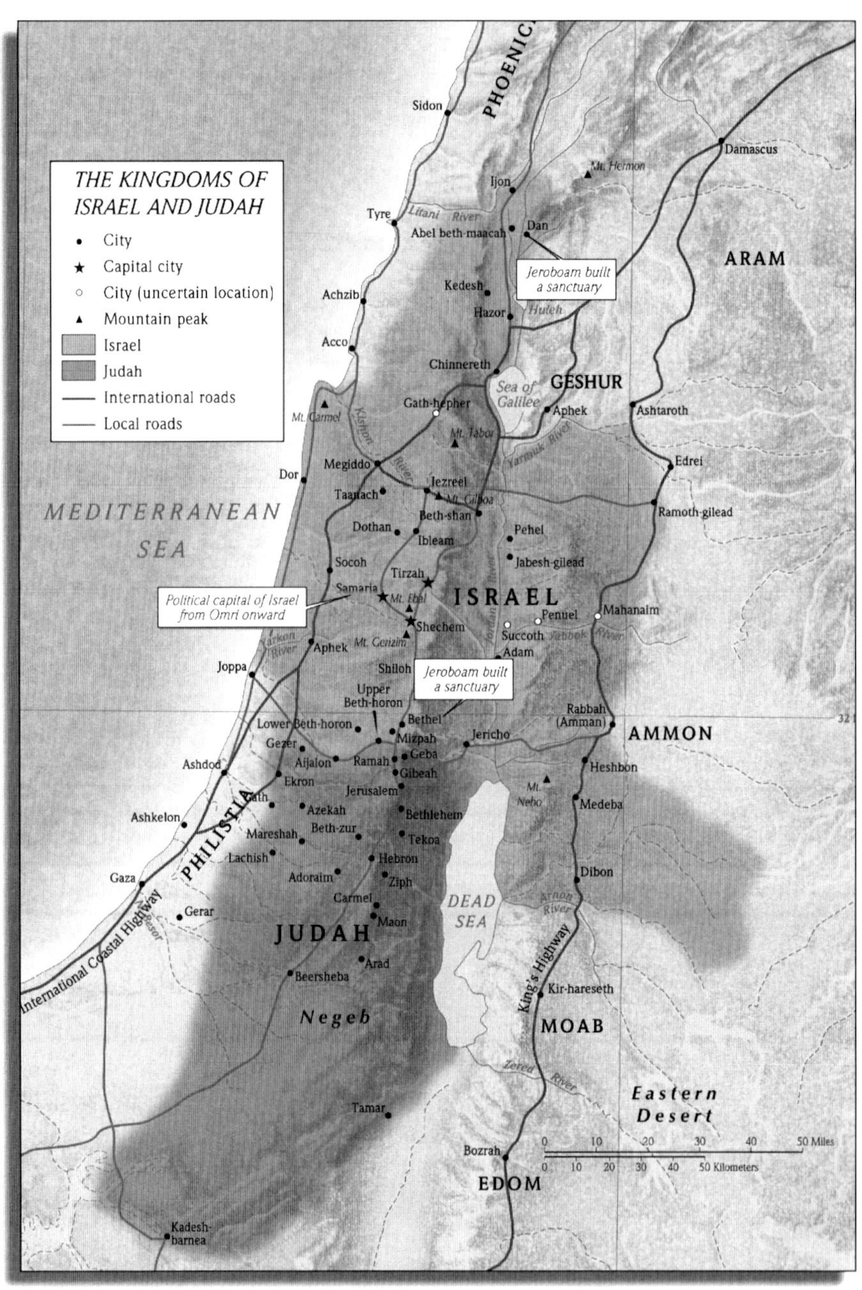

Los Reinos de Israel y de Judá del Atlas de la Biblia de Holman © 1998.
Usado con permiso para publicación de la Biblia de Holman.

La Caída de Samaria y la Deportación de los Israelitas

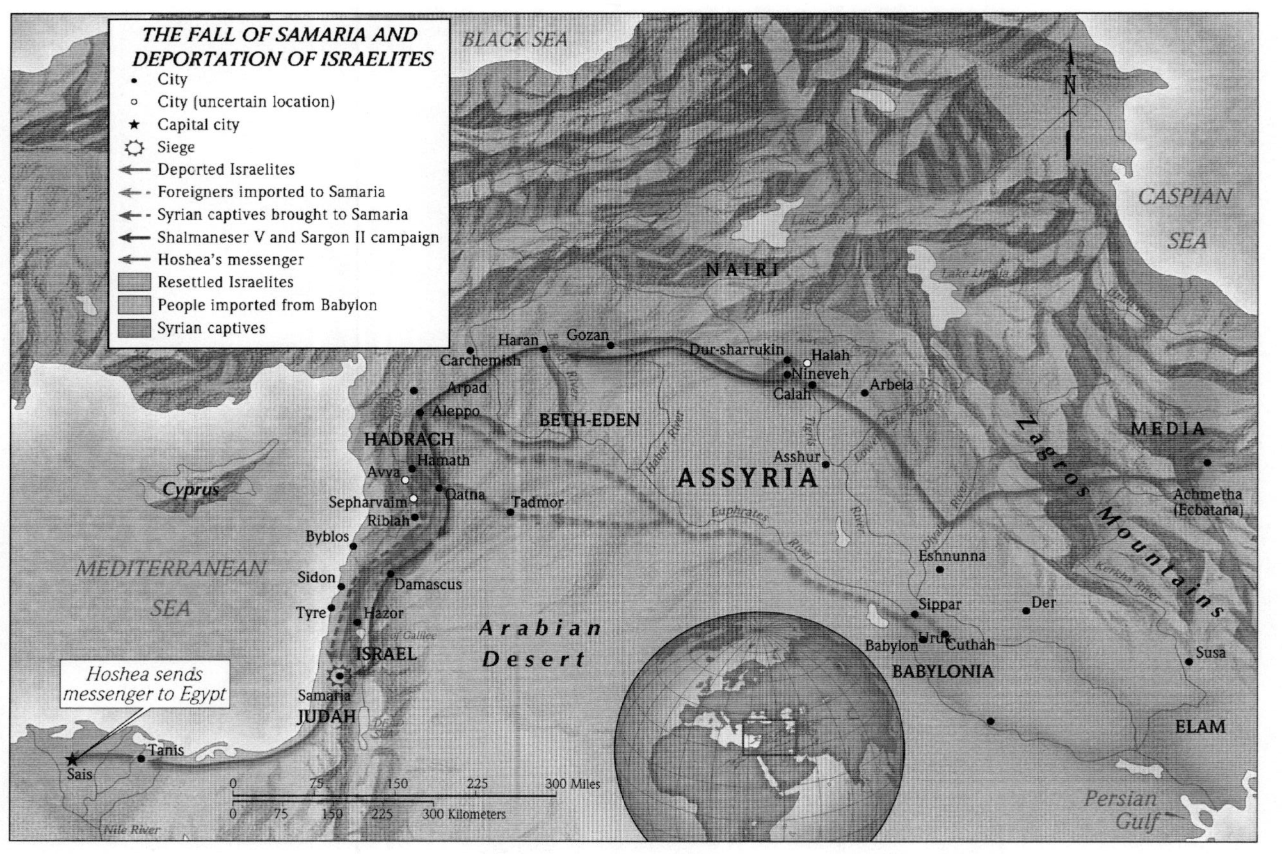

La Caída de Samaria y la Deportación de los Israelitas del Atlas de la Biblia de Holman © 1998.
Usado con permiso para publicación de la Biblia de Holman.

Los Judíos Exiliados en Babilonia

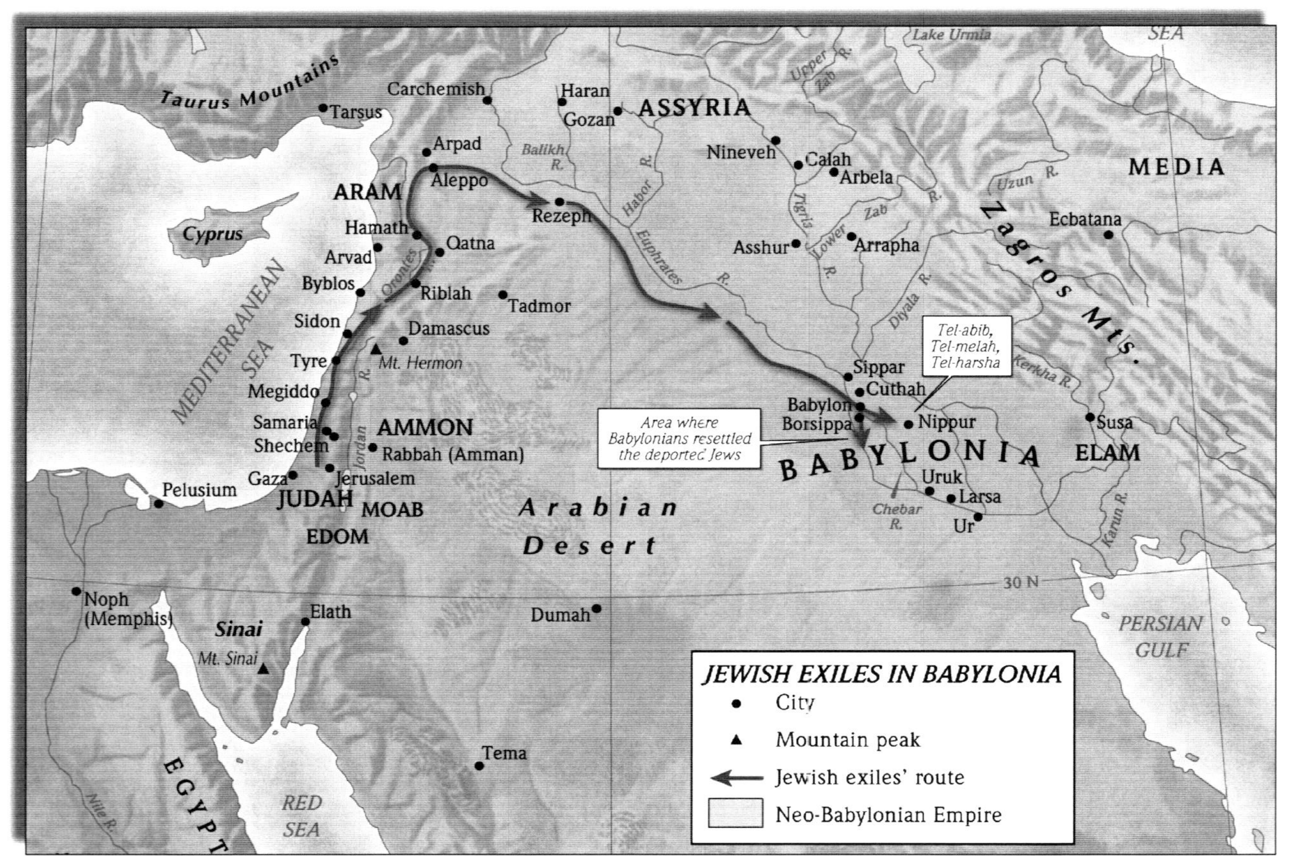

Los Judíos Exiliados en Babilonia del Atlas de la Biblia de Holman © 1998.
Usado con permiso para publicación de la Biblia de Holman.

NOTAS

Josué

1. Katie Whitelegg, *Faith Was My Only Companion*, traducido del original en inglés.
2. Gordon MacDonald, *The Life God Blesses* (Nashville: Nelson, 1994), p. 183, traducido del original en inglés.
3. Henry James, *The Art of Fiction*, traducido del original en inglés y citado en A. Norman Jeffares y Martin Gray, *A Dictionary of Quotations* (New York: Barnes and Noble, Inc. 1995), p. 349.
4. Paul Lee Tan, *Encyclopedia of 7700 Illustrations: Signs of the Times* (Rockville, Md.: Assurance Publishers, 1979), p. 113, traducido del original en inglés.
5. John Eldredge, *Wild at Heart*, traducido del original en inglés.

Jueces

1. Carlo Carretto, *The God Who Comes*, traducido del original en inglés.
2. Leon Wood, *The Distressing Days of the Judges* (Grand Rapids, Mich: Zondervan, 1975) p.4, usado con permiso y traducido del original en inglés.
3. Wood, p.4. Usado con permiso y traducido del original en inglés.
4. Tedd Tripp, *Shepherding a Child's Heart*, traducido del original en inglés.

Rut

1. W. Graham Scroggie, *Know Your Bible* (London: Pichering and Inglis, Ltd, 1940), p.58, traducido del original en inglés.
2. Paul Tourner, *A Doctor's Casebook in the Light of the Bible*, traducido del original en inglés.
3. Ralph Waldo Emerson, *"The Conduct of Life"*, cita de Warren W. Wiersbe, Be Committed (Wheaton, Ill: Scripture Press, 1993), p.13, traducido del original en inglés.
4. Wiersbe, p.17, traducido del original en inglés.
5. "To Illustrate", *Leadership: A Practical Journal for Church Leaders* 23, no. 1 (Winter 2002): 75, traducido del original en inglés.

6. Leon Wood, *The Distressing Days of the Judges* (Grand Rapids, Mich.: Zondervan, 1975), p. 4. Usado con permiso, traducido del original en inglés.
7. Richard Foster, *Celebration of Discipline*, traducido del original en inglés.
8. Eugene Peterson, *A Long Obedience in the Same Direction*, traducido del original en inglés.

1 Samuel

1. *Be Thou My Vision*, traducido del original en inglés.
2. Phillip Yancey, *What's So Amazing About Grace?*, traducido del original en inglés.
3. C. S. Lewis, *The Chronicles of Narnia*, traducido del original en inglés.
4. Kevin Cashman, *Leadership from the Inside Out* (Provo, Utah: Executive Excellence Publishing, 1999). P. 51, traducido del original en inglés.
5. Parker J. Palmer, *Let Your Life Speak* (San Francisco: Jossey-Bass, 2000), p.82, traducido del original en inglés.
6. Dallas Willard, *Renovation of the Heart* (Colorado Springs, Colo: NavPress, 2002), p.15, traducido del original en inglés.

2 Samuel

1. Reggie McNeal, *A Works of Heart*, traducido del original en inglés.
2. Thomas Á. Kempis, *The Imitation of Christ*, traducido del original en inglés.
3. C.S. Lewis, *The World's Last Night: and Other Essays* (New York: Harcourt Brace Jovanovich, 1959), p.23, traducido del original en inglés.
4. James Emery White, *Life Defining Moments* (Colorado Springs, Colo: WaterBrook, 2001), p.161, traducido del original en inglés.
5. Craig Barnes, *When God Interrupts*, traducido del original en inglés.

1 Reyes

1. James S. Hewett, *Illustrations Unlimited* (Wheaton, Ill.: Tyndale, 1988), p.21, traducido del original en inglés.
2. Victor Hugo, *Les Miserables*, traducido del original en inglés.
3. Joseph P. Free, *Archeology and Bible History*, 11th ed. (Wheaton, Ill.: Scripture Press, 1972), p. 170, traducido del original en inglés.
4. Richard J. Foster, Prayer, *Finding the Heart's True Home* (New York: HarperCollins, 1992), p. 179, traducido del original en inglés.

5. Free, p. 169, traducido del original en inglés.
6. Herbert Farmer cita de Foster, p. 179, traducido del original en inglés.
7. Vivian Elisabeth Glyck, *12 Lessons on Life I learned from my Garden* (Emmaus, Pa.: Daybreak Books, 1997), pp. 79-80. Usado con permiso; traducido del original en inglés.

2 Reyes

1. Warren Bennis and Burth Nanus, *Leaders* (New York: Harper & Row, 1985), p.37, traducido del original en inglés.
2. Steve Farrar, *Point Man: How a Man Can Lead a Family* (Porthland, Oreg.: Multnomah, 1990), pp. 47-48, traducido del original en inglés.
3. Tedd Tripp, *Shepherding a Child's Heart*, traducido del original en inglés.
4. Saint John Chrysostom, *On Wealth and Poverty*, trans. Catherine P. Roth (Crestwood, N. Y.: St. Vladimir's Seminary Press, 1984), p.59, traducido del original en inglés.

Guía del Líder

1. *Webster's New Collegiate Dictionary* (Springfield, Mass.: G&C Merriam Co. Publishers, 1960), p.237, traducido del original en inglés.
2. John K. Brilhart, *Effective Group Discussion* (Dubuque, Iowa: Wm. C. Brown Company Publishers, 1967), p.26, traducido del original en inglés.
3. *How to Lead Small Group Bible Studies* (Colorado Springs, Colo.: NavPress, 1982), pp.40-42, traducido del original en inglés.

BIOGRAFÍAS

Pat Harley

Maestra

Pat entregó su vida a Jesucristo a los treinta y dos años de edad, después de que Él interviniera poderosamente y le ayudara a resolver sus graves problemas matrimoniales. Luego de ocho años de estudio, ella comenzó a enseñar la Biblia a las mujeres, convencida de que es la Palabra de Dios, la que ofrece ayuda y esperanza a las mujeres de hoy. Ella fue la fundadora y es la presidenta de "Big Dream Ministries Inc." También se desempeñó durante dieciocho años como directora de "The Women's Fellowship", un ministerio que agrupó a más de quinientas mujeres. Además sirvió como directora de los ministerios de damas en Fellowship Bible Church en Roswell, Georgia, E.U.A. Pat tiene una maestría en artes en la educación de la Universidad Western en Michigan E.U.A. y ha tomado cursos en el Seminario Teológico de Dallas. Ella y su esposo tienen dos hijas casadas y varios nietos.

Eleanor Lewis

Maestra

Eleanor aceptó a Cristo a la edad de veintiséis años, para tener la certeza de poder entrar al cielo. Sin embargo, cuando su hijo nació con un grave defecto congénito, ella volvió a la Palabra de Dios en busca de respuestas y encontró no sólo a un Salvador, sino también a un Señor Todo Poderoso. La Palabra de Dios cobró vida para ella y comenzó a enseñar y hablar en los clubes de mujeres cristianas. Durante casi treinta años, ha impartido estudios Bíblicos en iglesias, hogares y oficinas. Además, habla en conferencias y retiros por todo el país e internacionalmente. Es presidenta de "Insights and Beginnings, Inc.", que produjo una serie de videos de estudios Bíblicos para ayudar a la gente a comprender su tipo de temperamento, superar debilidades y utilizar sus puntos fuertes para la gloria de Dios. Eleanor y su esposo viven en el área de Atlanta E.U.A. tienen un hijo casado y un nieto.

Margie Ruether

Maestra

Aunque Margie no creció en un hogar cristiano, sus padres dedicaron sus vidas a Cristo después de que Margie ingresó a la universidad. Fue el ver el piadoso ejemplo de su madre y las oraciones de ella, lo que la llevaron al trono de la gracia. Su creciente amor por Jesús y Su Palabra, la llevó a la Bible Study Fellowship International, una organización cristiana inter-denominacional en la que los laicos enseñan estudios bíblicos. Después de muchos años de estudio, se convirtió en una líder de enseñanza y un miembro del equipo regional. Sirvió allí durante varios años antes de convertirse en una Maestra en "The Women's Fellowship" en la ciudad de Roswell, estado de Georgia en E.U.A.. Ella también ha facilitado programas de entrenamiento para maestras de estudio bíblico y ha sido expositora en retiros y conferencias en iglesias. Ella y su familia viven en el estado de Delaware E.U.A.

Linda Sweeney

Maestra

Linda aceptó a Cristo como su salvador personal cuando tenía doce años de edad. Ya de adulta, ella aprendió a amar la Palabra de Dios más y más. Ella comenzó a ver los cambios producidos por Dios no sólo en su vida, sino también en la vida de otras personas cuando se adhieren a la sabiduría de las Escrituras. Debido a su gran pasión para entusiasmar a mujeres a conocer la palabra y ver cómo Dios cambia sus vidas al responder en obediencia a Él. Linda comenzó bajo la guía de Dios a enseñar la Biblia a mujeres de su iglesia y comunidad. Ella ha enseñado clases de escuela dominical por muchos años y por ocho años fue una líder de enseñanza, muy querida en Bible Study Fellowship International. Durante este tiempo, no solamente enseñó a cientos de mujeres semanalmente, sino que también entrenó en sus clases a un grupo numeroso de líderes de Bible Study Fellowship International. Ella ha enseñado en retiros de mujeres y ha sido expositora en reuniones y conferencias para mujeres a lo largo del sur de los Estados Unidos. Ella y su esposo viven en el área de la ciudad de Atlanta, en el estado de Georgia E.U.A. y tienen una hija casada, un hijo y dos nietos.

Art Vander Veen

Editor

Art comenzó su relación con Cristo a los trece años de edad. A los treinta años y después de graduarse de la Universidad de Nuevo México, comenzó a prepararse para un ministerio de tiempo completo. Obtuvo el Título de Maestría en Teología en el Seminario Teológico de Dallas y ha ayudado al personal de la Cruzada Estudiantil para Cristo. Fue uno de los miembros originales del equipo "Walk Thru the Bible Ministries". Él se ha desempeñado como capellán de los "Atlanta Falcons" (Un equipo de fútbol americano, por su nombre en inglés). En 1979, formó parte de un equipo que fundó Fellowship Bible Church en Roswell, Georgia (E.U.A.), donde fue pastor durante casi veinticinco años. Ahora se desempeña como pastor, maestro y mentor en Little Branch Community Church en el área de Atlanta. Art tiene pasión por ayudar a la gente a entender las Escrituras como la verdad revelada de y sobre Dios. Él y su esposa Jan tienen tres hijos casados y siete nietos.

Carrie Ott

Editora, Diseñadora

Carrie encontró a Cristo a una edad temprana. Toda su vida ha tenido una pasión por las palabras y como una escritora independiente y diseñadora, esta pasión se duplica cuando se trata de palabras (captadas, leídas o escritas) que intentan esbozar un definición del misterio y la maravilla de Dios y Su Palabra. Carrie se identifica con Matilde de Magdeburgo, quien dijo: "De las cosas celestiales que Dios me ha mostrado, yo puedo hablar sólo una palabra pequeña, no más de lo que una abeja pueda llevar en sus pies de un frasco derramado." Carrie y su esposo tienen tres hijos y viven en el área de Atlanta E.U.A.

Para aprender mas acerca de
Big Dream Ministries, Inc. y
de La Colección Maravillosa,
Visite su website en:

www.theamazingcollection.org

LA GUÍA DEL LÍDER

Introducción

El liderar un grupo de estudio bíblico puede ser un desafío y a la vez una experiencia increíblemente gratificante. Esta guía del líder le ayudará con la parte "desafiante", mientras usted confía en Dios para producir esta experiencia "increíblemente gratificante."

Esta guía no está diseñada para llevarlo paso a paso a través de los estudios individuales. Al contrario, ofrecerá una orientación general e instrucción en los principios y las técnicas. La mayor parte de lo que aprenderá aquí no será solamente aplicable a *La Colección Maravillosa* sino que también a cualquier clase de grupos de estudio. La única excepción es la sección titulada Formatos Sugeridos.

Cada sección de esta Guía del Líder tratará con un solo tema, así podrá regresar fácilmente a la guía para ayuda y referencia en el futuro.

¡Gracias por aceptar el desafío y la responsabilidad de dirigir a su grupo! Oramos para que Dios le permita a usted que ésta sea una experiencia gratificante y provechosa.

Discusión: El Componente Esencial

Las palabras *grupo pequeño de estudio bíblico* son casi sinónimo de la palabra *discusión*. Aún cuando existen lugares y propósitos muy importantes para la lectura (la comunicación de una sola vía), la mayor parte de un grupo pequeño no es uno de estos. Por lo tanto, la discusión siempre será un componente esencial para que la experiencia de un grupo pequeño sea exitosa.

La discusión es la investigación de un tema o las preguntas, por dos o más personas utilizando el diálogo verbal. El diccionario define esto como "reflexión de una cuestión en un debate abierto; el argumento con el propósito de llegar a la verdad o a la clarificación de las dificultades". Adicionalmente, la palabra *discutir* y sus sinónimos significan "discutir con el fin de llegar a conclusiones o para convencer; discutir también implica discernir o examinar, especialmente mediante la puesta en común de las consideraciones tanto a favor como en contra."[1]

Los grupos pequeños de estudios bíblicos no siempre incluirán debate o discusión, pero siempre *debería* haber investigación, examen y alcance de por lo menos las conclusiones tentativas.

Existen muchos beneficios en el aprendizaje por discusión en comparación con el de las lecturas o aun con el de la interacción que esté dominado por una sola persona. La Discusión:

- Hace que todos los miembros participen activamente en el proceso de aprendizaje.
- Permite revelaciones de índole personal, que posibilitan el conocimiento mutuo entre los participantes.
- Ayuda a cristalizar el pensamiento de cada miembro del grupo al crear un campo en el que los temas pueden ser investigados a niveles más profundos.
- Crea un ambiente más informal, que estimula un sentido de aprendizaje relajado.
- Proporciona la posibilidad de descubrir ideas falsas y de corregir información errónea.
- Fomenta el aprendizaje permanente y el cambio, porque la gente tiende a recordar mejor lo que se dice más que lo que se piensa.
- Construye un sentido de comunidad al cooperar los participantes en la búsqueda de la verdad y el entendimiento.

En la medida en que los grupos pequeños de estudio Bíblico vayan fomentando la sana discusión, ellos irán dándose cuenta de los beneficios arriba mencionados; pero la profundidad de la experiencia de grupo es mucho mejor cuando éste tiene un líder capaz. Él juega un papel importante para ayudar a que cada uno de estos siete beneficios se conviertan en una realidad; así por ejemplo, para lograr que todos los miembros participen más en el proceso de aprendizaje, el líder tendrá que animar a aquellos que tienden a ser tímidos y a manejar a los que tienden a ser dominantes. Los demás beneficios requieren una sensibilidad similar del líder. El resto de esta guía pretende ayudar al líder a maximizar estos beneficios para su grupo pequeño.

Pero antes de seguir adelante, otra cuestión deberá abordarse: mientras que el líder es un jugador importante en un grupo pequeño, él o ella no debe convertirse en la persona a la que todos los demás participantes hacen sus observaciones. Un autor ha sugerido que un líder de la discusión debe tratar de fomentar una red de "todos los canales", en lugar de convertirse en el "eje" o el centro de una rueda de debate, como representan los siguientes diagramas.

En una red de "rueda", todos los comentarios son dirigidos hacia un líder central y sola-

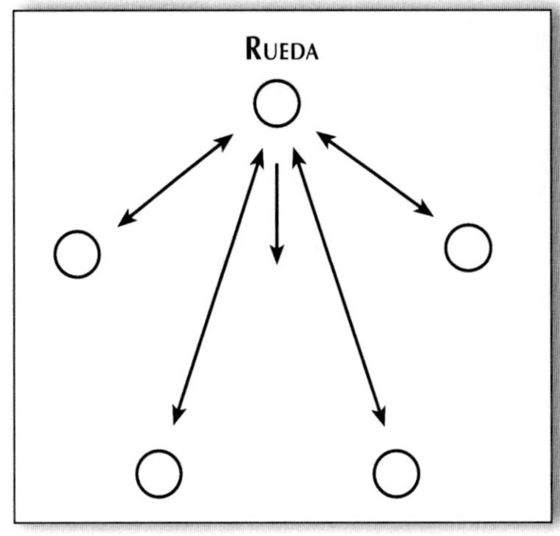

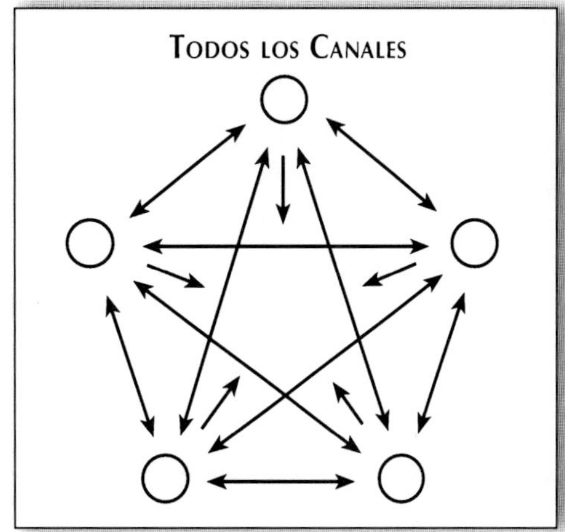

mente él o ella se dirige al grupo como un todo o a una sola persona.

En contraste, una red de "todos los canales" permite una comunicación rápida, sin la necesidad de autorización de un filtro central, cada uno es libre de compartir los pensamientos que le vienen a la mente cuando todavía son relevantes para el tema en cuestión. Se anima el libre intercambio de preguntas y respuestas.[2]

La responsabilidad del líder es recordar constantemente la necesidad de comunicación de "todos los canales."

Escuchar: El Arte Perdido

Probablemente usted ha oído el dicho popular que dice que Dios nos dio dos oídos y una boca porque quería que escucháramos el doble de lo que habláramos. Sería difícil probar esta hipótesis, pero la Biblia sí *dice*:

> Todos deben estar listos para escuchar y ser lentos para hablar y para enojarse (Santiago 1:19).
>
> Es necio y vergonzoso responder antes de escuchar (Proverbios 18:13).

Escuchar puede ser la herramienta más poderosa de un exitoso líder de un grupo pequeño, pero también puede ser la cualidad más difícil de desarrollar. La mayoría de la gente tiende a hablar más que a escuchar, están más preocupados por sus propios intereses que por los intereses de los demás y escuchan impacientemente, esperando que la otra persona termine rápidamente. El escuchar de verdad es un arte perdido, pero es lo que un buen líder de grupo pequeño debe recuperar.

Escuchar no es sólo oír. Como leer es para ver, así escuchar es para oír. Es al leer y al escuchar, que entendemos el verdadero significado de las palabras que captan nuestros sentidos.

Considere las siguientes ideas y úselas para evaluar sus propios hábitos y habilidades para escuchar. Luego, decida qué áreas usted intencionalmente puede mejorar.

Características de un buen oyente:

- Es activo, no pasivo, y por lo tanto a veces, agotador.
- Es centrado en el otro, no centrado en sí mismo y por lo tanto a veces, sacrificado.
- Es fundamental, no periférico y por lo tanto indispensable.
- Es difícil, no es fácil y por lo tanto a menudo no se le pone la debida atención.
- Es raro, no es común, y por lo tanto muy deseable.

Escuchar no *es como:*

- Un juego de ajedrez en el cual usted esta planeando su próximo movimiento verbal, mientras que la otra persona esta hablando.
- Un juicio en el que usted esta juzgando lo que se dice o cómo se dice.
- Una carrera de 100 kilómetros en la cual usted piensa cuán rápido puede terminar la discusión.

Escuchar es *como:*

- Una esponja, que absorbe lo más posible de lo que se está diciendo y los sentimientos que hay detrás de esto.
- Un par de binoculares, que fijan la atención y se enfocan claramente en lo que se esta diciendo.

Tipos de preguntas:

- Informativas — "¿Qué hiciste hoy?"
- De Opinión — "¿Por qué crees que esto pasó?"
- Emocionales — "¿Cómo te sientes acerca de esto?"

Tipos de respuestas:

- De aclaración — "Creo que lo que estás diciendo es . . .", nos lleva al significado de lo que se dijo.
- De observación — "Me di cuenta de que tu voz bajó en cuanto . . .", reconoce la importancia de las señales no verbales.
- Reflexivas — "Parece que estás muy triste . . ." reconoce el componente emocional.
- Investigativas — "Quiero saber más sobre . . .", tiene como objetivo obtener información adicional y a menudo llevar a una mejor comprensión.

Mientras que usted está escuchando, considere hacer una oración silenciosa pidiendo sabiduría:

- Dios, ¿qué estás haciendo en el corazón de esta persona en este momento?"
- "Padre, ayúdame a escuchar lo que ella realmente está diciendo".
- "Eterno Consejero, ¿Cómo quieres que responda a lo que esta persona está diciendo?"

Habrá momentos en que como líder de un grupo pequeño, usted tendrá que limitar la participación de un miembro del grupo, para permitir la participación de todos los integrantes. Su objetivo no es fomentar el diálogo sin fin con una persona, sino obtener lo mejor de cada participante y de todo el grupo, maximizando la discusión, la reflexión y así alcanzar un impacto mayor del que usted podría haber imaginado que sería posible.

Preguntas: Las Barreras Mentales

En un ambiente de grupo pequeño, las buenas preguntas pueden marcar la diferencia entre éxito o fracaso. Cuando guíe los debates de *La Colección Maravillosa*, las preguntas de Aprendiendo para la vida, que se encuentran al comienzo de cada estudio le proporcionarán un excelente punto de partida. Pero habrán ocasiones donde deseará investigar de manera diferente o más profunda. En esos momentos la elaboración de buenas preguntas será de gran importancia.

Algunas de estas preguntas se pueden preparar con anticipación. Otras se irán desarrollando durante el proceso. Recuerde, las buenas preguntas comparten algunas características comunes:

- La Brevedad: corta y ordenada
- La Aplicabilidad: pertinente a las necesidades de la gente
- La Simplicidad: fácil de entender
- Lo Interesante: capaz de capturar la atención
- Conformidad: basado en el material que se está estudiando

Como líder usted puede hacer preguntas para iniciar, guiar y aplicar. El siguiente material describe estos tres tipos de preguntas, dando ejemplos de cada una de estos.

Preguntas para iniciar:

- Inician un debate significativo sobre un tema.
- Pueden ser preparadas de antemano.
- Determinarán en gran medida la dirección que tomará la discusión.

- Son preguntas generales dirigidas a estimular la discusión.
- Serán basadas en el material previamente estudiado por el participante para permitir contribuciones de calidad.

  Ejemplos:
  - "¿Qué descubrió usted en este pasaje acerca de . . . ?"
  - "¿Qué le impresionó más acerca de cómo Dios . . . ?"
  - " ¿Qué pensamientos tiene acerca de Moisés después de este estudio?"
  - "¿Por qué cree que Dios incluyó este pasaje en la Biblia?"
  - "¿Cómo describiría la santidad de Dios?"

Preguntas para guiar:
- Mantienen la discusión en movimiento, extrayendo las ideas más importantes y reorientando las discusiones que estén confusas.
- Podrán estar preparadas con anterioridad, anticipando los temas que planteará para el grupo.
- Podrán ser elaboradas cuando el debate esté en marcha (¡Esto requiere práctica!)
- Conducirán a los participantes más allá de las observaciones iniciales y más profundamente dentro del significado del material.

  Ejemplos:
  - "Sally acaba de mencionar el concepto de obediencia. ¿Cómo encaja esto con lo que este pasaje parece decir?"
  - "¿Quién más desearía comentar acerca de esto?"
  - "Hemos dicho muchas cosas acerca de la gracia en nuestro debate. Si tuviera que resumirlas en una oración, ¿qué diría?"
  - "Lo que estamos discutiendo es interesante, pero nos hemos desviado del tema hacia donde queríamos ir. ¿Podría alguien regresarnos al punto donde nos salimos del tema?"

Preguntas para aplicar:
- Son suministradas para usted en los libros de práctica de La Colección Maravillosa.
- Pueden ser creadas con base a su propio conocimiento del grupo.
- Pueden ser difíciles de formular, pero sirven de puente entre el estudio bíblico y la vida cotidiana (de la cabeza al corazón).
- No siempre implican algo concreto para hacer o cambiar.
- Podrían incluir: meditación, reflexión, recordación o simplemente esperar en Dios.

- Pueden ser preguntas que animen al grupo a compartir sus respuestas en voz alta o pueden sugerir una respuesta reservada.
- Pueden ser específicas o generales.
- Deberán referirse a la verdad que el grupo acaba de estudiar.

  Ejemplos:
  - "Escriba una oración entregando a Dios su corazón, en respuesta a lo que Él le ha estado enseñando a usted esta semana."
  - "¿Sabe de alguien que represente bien lo que se acaba de estudiar? ¿Cómo podría reafirmar a esa persona en esta semana?"
  - "¿Qué sientes que Dios quiere que hagas en respuesta a este estudio?"
  - "¿Qué ve en la vida de ese personaje que le gustaría imitar? ¿Cómo se vería ? ¿Cuál es el primer paso?"

El elaborar y hacer preguntas son habilidades que pueden ser desarrolladas y mejoradas. Después de cada reunión de grupo, podría ser útil una evaluación de sus preguntas. ¿Dirigieron al grupo adonde usted sintió que Dios quería?, ¿A medida que avanzó, qué preguntas funcionaron bien o no tan bien?, ¿Cómo respondió el grupo a las preguntas?, ¿Hubo alguna confusión? Finalmente, recuerde revisar semanalmente todo lo que ha aprendido acerca de cómo hacer preguntas.

El Papel Que Cada Persona Desempeña: El Máximo Desafío

Si ser el líder de un grupo pequeño de estudio bíblico consistiera solamente en facilitar la discusión, aprender a escuchar bien y elaborar preguntas significativas, esto en sí mismo ya sería un reto considerable. Pero añada a esto, el hecho de que cada persona en su grupo tendrá diferentes: necesidades, temperamentos, personalidades, enfoques para el estudio bíblico, razones para estar en el grupo y diferentes niveles de madurez y el rol de líder se vuelve entonces exponencialmente más desafiante.

Howard Hendricks profesor en el Seminario Teológico de Dallas describe en uno de sus libros,[3] algunos de los papeles que las personas juegan dentro del grupo. Usted puede encontrar esto útil en la evaluación de su propia dinámica de grupo.

Roles Inmaduros

El Espectador	Conforme de ser un espectador silencioso. Sólo asiente con la cabeza, sonríe y frunce el ceño. Aparte de esto, es un pasajero en lugar de ser un miembro de la tripulación.

El Monopolizador El hermano hablador. Con su destreza verbal, divaga sin consideración durante el resto de la conversación. Tenazmente se aferra a su derecho a decir lo que piensa, incluso sin pensar.

El Menospreciador El señor pesimista. Él subestima las contribuciones de los demás. Normalmente tiene tres buenas razones por las que alguna opinión es errónea.

El Chistoso Se siente llamado a un ministerio de humor. El Sr. chispa gasta su tiempo como el juguetón del grupo. Indiferente al tema en cuestión, él siempre está listo con un comentario ingenioso.

El Apático Nunca ha tenido un pensamiento original en su vida. No está dispuesto a comprometerse, permanece al margen hasta que los demás llegan a una conclusión y luego se une al grupo.

El Defensor Crónicamente afectado por obsesiones. Siempre defendiendo alguna causa o movimiento, con frecuencia se siente llevado a compartir esta carga. Persona de ideas fijas.

El Mal Humorado Vive con un estado de ánimo resentido. El grupo no siempre va a estar totalmente de acuerdo con sus puntos de vista, por lo que se pone mal humorado.

Roles Maduros

El Proponente Inicia ideas y acciones. Mantiene las cosas en movimiento.

El Animador Involucra a otros en la discusión. Alienta a otros a contribuir y enfatiza el valor de sus sugerencias y comentarios. Estimula a otros a una mayor actividad por medio de aprobación y reconocimiento.

El Aclarador Tiene la capacidad de intervenir cuando la confusión, el caos y los conflictos se producen. Define el problema en forma concisa. Señala los problemas con claridad.

El Analizador Examina las cuestiones detenidamente. Pesa las sugerencias cuidadosamente. Nunca acepta nada sin antes pensarlo bien.

El Explorador Siempre en movimiento hacia áreas nuevas y diferentes. Investiga sin descanso. Nunca satisfecho con lo obvio o con los puntos de vista tradicionales.

El Reconciliador Promueve la armonía entre los miembros, especialmente entre aquellos

	que tienen problemas para ponerse de acuerdo. Trata de encontrar las conclusiones aceptables para todos.
El Sintetizador	Capaz de unir las piezas entre diferentes ideas y puntos de vista.

Sin duda, podrá ver algunos de estos papeles tipificados en los miembros de su grupo pequeño. Lidiar con los miembros que desempeñan los papeles inmaduros, motivar y utilizar los que desempeñan los papeles maduros será un desafío permanente. Pida al Espíritu de Dios que le dé la sensibilidad, la creatividad y la capacidad como director. Orar por sabiduría para guiar los recursos disponibles se convertirá en una constante.

Su Liderazgo: Un Esfuerzo Espiritual

Antes de continuar, es importante recordar que más allá de la comprensión, el fomentar el debate, el aprender a escuchar bien, el desarrollar las habilidades para la formulación de las preguntas y el aprender a guiar diferentes tipos de personalidades, es Dios quien suministrará la gracia y la fuerza que le llevará a través de los desafíos del liderazgo.

Esta guía del líder se ha centrado hasta el momento en usted y sus mejores esfuerzos, pero la verdad es que no logrará absolutamente nada de valor eterno a menos que el Espíritu de Dios tome su esfuerzo devoto y lo llene con la autoridad de Su gracia y poder.

Por este motivo, le animamos a preparar y dirigir en completa humildad, dependencia y confianza, recordando estos preceptos fundamentales:

> "Todo lo puedo en Cristo que me fortalece."(Filipenses 4:13).
>
> "Te basta con mi gracia, pues mi poder se perfecciona en la debilidad" (2 Corintios 12:9).
>
> "Yo soy la vid y ustedes son las ramas. El que permanece en Mí, como Yo en él, dará mucho fruto; separados de Mí no pueden ustedes hacer nada" (Juan 15:5).
>
> Por último, fortalézcanse con el gran poder del Señor. Pónganse toda la armadura de Dios para que puedan hacer frente a las artimañas del diablo (Efesios 6:10-11).

Nuestra oración para usted es la oración de Pablo para los Efesios:

> Pido que el Dios de nuestro Señor Jesucristo, el Padre glorioso, les dé el Espíritu de sabiduría y de revelación, para que lo conozcan mejor. Pido también que les sean iluminados los ojos del corazón para que sepan a qué esperanza Él los ha llamado, cuál es la riqueza de su gloriosa herencia entre los santos, y cuán incomparable es la grandeza de su poder a favor de los que creemos. Ese poder es la fuerza grandiosa

y eficaz . . . [y] Le pido que, por medio del Espíritu y con el poder que procede de sus gloriosas riquezas, los fortalezca a ustedes en lo íntimo de su ser, para que por fe Cristo habite en sus corazones. Y pido que, arraigados y cimentados en amor, puedan comprender, junto con todos los santos, cuán ancho y largo, alto y profundo es el amor de Cristo; en fin, que conozcan ese amor que sobrepasa nuestro conocimiento, para que sean llenos de la plenitud de Dios. Al que puede hacer muchísimo más que todo lo que podamos imaginarnos o pedir, por el poder que obra eficazmente en nosotros. ¡A Él sea la gloria en la iglesia y en Cristo Jesús por todas las generaciones, por los siglos de los siglos! Amén (Efesios 1:17-19; 3:16-21).

APÉNDICE A

El Líder para una Discusión Eficaz: Una Meta Valiosa

Esta sección presenta un modelo para el líder de una discusión eficaz (LDE). Puede que usted no demuestre, ni necesite cada una de las características enumeradas. Usted podrá ejecutar muy bien algunas de éstas, otras las ejecutará razonablemente y otras le serán áreas débiles. Esto esta bien. Considere esta lista como un ideal al que puede aspirar. Nuestra esperanza es que ésta le ayudará a crecer como líder de grupo pequeño al revelar sus áreas fuertes y destacar sus áreas débiles, para las cuales puede necesitar ayuda. Dios nunca dijo que Él podría usar solamente a personas perfectas en el ministerio. De hecho, sus limitaciones en una o más de estas áreas podrán permitir a otros en el grupo trabajar lado a lado con usted y así se complementarán aportando cada uno sus puntos fuertes.

Usted puede escoger el usar esta lista con un grupo de líderes para discutir ministerios y responsabilidades comunes y para compartir entre sí, los retos y los éxitos experimentados. Escuchar los pensamientos de otros acerca de cada una de estas características podría alentarle a medida que sigue creciendo.

¿Qué características claves hacen eficaz a un líder de discusión?

1. LDEs tienen un buen conocimiento del material a tratar.
   - Habrán estudiado el material con anticipación.
   - Tienen un claro propósito de la reunión.
   - Tienen una introducción prevista.
   - Tienen una conclusión tentativa en mente.
   - Han examinado sus propias vidas en relación a la verdad del estudio.
   - Buscan ser obreros diligentes que interpretan rectamente la palabra de verdad. (ver 2ª. de Timoteo 2:15).
2. LDEs están capacitados en la organización de pensamiento grupal.

- Saben cómo usar las preguntas.
- Ellos pueden detectar tangentes y suave, pero firmemente devolver la discusión al tema.

3. LDEs son de mente abierta.
   - Expresan juicios de manera condicional.
   - Animan la consideración de todos los puntos de vista.
   - Animan a todos los miembros a mantener espíritu abierto .
   - Son capaces de manejar respuestas incorrectas invitando a más preguntas o discusiones.
4. LDEs son participantes activos.
   - Hablan con frecuencia pero no excesivamente.
   - No son sensibles o defensivos a la crítica o al desacuerdo.
5. LDEs son facilitadores.
   - No dan direcciones dictatoriales.
   - Animan a todos a participar.
   - Fomentan la interacción entre todos los miembros.
   - Son capaces de manejar miembros que tienden a dominar la discusión.
   - Son capaces de estimular en forma no amenazante la participación de miembros tímidos y reservados.
6. LDEs hablan bien.
   - Hablan claramente.
   - Hablan de una manera concisa y pertinente.
   - No tienen falta de tacto, no son charlatanes, no usan palabras ofensivas.
7. LDEs tienen respeto y sensibilidad por los demás.
   - Tienen empatía.
   - No atacan a los demás.
   - No hacen que los demás se avergüencen.
   - Están consientes de cómo están reaccionando los demás.
   - Son pacientes.
8. LDEs tienen dominio propio.
   - Pueden permanecer imparciales cuando sea necesario.

- Pueden expresar sus sentimientos de una manera directa, sin embargo, no en forma acusatoria.

9. LDEs pueden asumir diferentes roles.
   - Pueden ofrecer estímulo.
   - Pueden ofrecer guía y dirección cuando sea necesario.
   - Pueden insertar humor para romper la tensión, cuando proceda.
   - Pueden guiar al grupo en oración para buscar sabiduría.
   - Pueden dar atención personal a los miembros más necesitados.
10. LDEs dan crédito al grupo y a sus miembros.
   - Elogian al grupo por sus ideas y su progreso en el estudio.
   - Hacen hincapié del trabajo en equipo.
   - Hacen que todos los miembros del grupo se sientan importantes.
   - Valoran a los demás como sus iguales.
   - "No hacen nada por egoísmo o vanidad, más bien, con humildad consideran a los demás como superiores a ellos mismos" (Filipenses 2:3).
11. LDEs son auténticamente transparentes.
   - Comparten experiencias personales.
   - Comparten debilidades personales, frustraciones, presiones y fracasos sin buscar atención personal excesiva.
   - Comparten sentimientos personales.
   - Comparten peticiones personales.
   - Planean con anticipación para que todo esto pueda hacerse con gusto y autenticidad.
12. LDEs son entusiastas.
   - Se vuelcan a sí mismos en el tema y en la discusión del mismo.
   - Permiten que Dios revele el tema en sus corazones previo a la discusión.
   - Reconocen que el entusiasmo verdadero es un gran motivador para los demás.
13. LDEs son críticos y evaluadores adecuados de su propio liderazgo.
   - Constantemente buscan maneras de mejorar.
   - Buscan por lo general retroalimentación y asesoramiento.
   - Consistentemente evalúan los diversos aspectos de su papel de liderazgo.

- Recuerdan que evaluarse a sí mismo no es compararse con los demás, sino más bien, buscar la ayuda del Espíritu Santo para mejorar.

14. LDEs saben que el liderazgo es un esfuerzo espiritual.
    - Admiten regularmente a Dios que "Separados de Él no podemos hacer nada" (Juan 15:5).
    - Dicen confiadamente que: "Todo lo puedo en Cristo que me fortalece" (Filipenses 4:13).
    - Nunca olvidan la promesa de Dios que "Te basta con Mi gracia" (2 Corintios 12:9).

APÉNDICE B

FORMATOS SUGERIDOS PARA EL DESARROLLO DE *LA COLECCIÓN MARAVILLOSA*

La Colección Maravillosa es intencionalmente flexible para acomodar una variedad de ambientes de enseñanza y calendarios. Es posible completar el estudio de los sesenta y seis libros de la Biblia en dos años mediante la enseñanza de un libro a la semana por treinta y tres semanas cada año (excluidos los veranos y los días festivos).

Otra opción sería ir a través del material en tres años, enseñando un libro a la semana durante veinte y dos semanas cada año. Así mismo, individualmente, el programa puede ser completado en aproximadamente quince meses, estudiando un libro a la semana durante sesenta y seis semanas consecutivas.

Así también hay flexibilidad en cada período de sesiones individuales. Las sesiones pueden durar al menos una hora, en la que el grupo ve el video (cuarenta y cinco minutos) y permite quince minutos de discusión, o en un formato de 1 hora y 30 minutos que podría incluir el vídeo, quince minutos para tomar un refrigerio, quince para la discusión y quince para revisar la tarea. Y si el tiempo lo permite, dos horas de sesión que podría incluir el video, refrigerio, treinta minutos para la discusión y treinta minutos para revisar la tarea.

Tal vez usted descubrirá otra sesión que se adapte a su grupo a la perfección. ¡Siéntase libre de usarla!

APÉNDICE C

Compartir el Evangelio

Los líderes deben ser sensibles al hecho de que algunos miembros del grupo pueden tener un interés en la Biblia, sin haber establecido una relación personal con su figura central, Jesucristo.

Compartir el evangelio es muy fácil para algunas personas y más difícil para otras. Pero si siente que hay miembros de su grupo que se beneficiarían de una explicación clara de la salvación, sin falta, ¡Ofrezca una! Incluso pueden haber "oportunidades naturales" durante su curso de estudio (al final de un libro, o una sección de trabajo, o durante su estudio de los evangelios, o en el libro de Romanos), cuando el evangelio parece "revelarse por sí mismo". Además, la gran mayoría de las preguntas de discusión (Antiguo y Nuevo Testamento) contienen una pregunta que apunta directamente a la persona de Jesucristo. Estos son los "momentos para enseñar", ¡Aprovéchelos!

Existen herramientas variadas y excelentes que pueden ayudarle a usted a encaminar a un no creyente a través de los puntos básicos de la salvación y en el idioma español algunas son: "Solamente por Gracia" de Charles H. Spurgeon (Kregel Publications 1982) y "El Camino Hacia Dios" de L.D. Moody (Editorial Vida 2006). Los líderes en su iglesia pueden ofrecerle una o más de ellas u otras que ellos consideren adecuadas.

Aunque en los videos de *La Colección Maravillosa* hay muchos testimonios excelentes, puede ser conveniente en algún momento compartir brevemente su testimonio personal con su grupo o con uno o más de sus miembros. Los siguientes cuatro pasos pueden ayudarle a pensar su "historia": su vida antes de Cristo, ¿Cómo llegó a conocer y comprender la necesidad de perdón y reconciliación con Dios, lo que Cristo hizo en lugar suyo en la cruz y cómo su vida es diferente hoy en día habiendo aceptado el sacrificio expiatorio de Jesús en nombre suyo?. Esta será su ¡historia! Ruegue por un corazón sensible, el momento adecuado y las palabras correctas para compartirla cuando el Espíritu Santo le permita hacerlo.

Es nuestra oración que todos los que completen *La Colección Maravillosa* conozcan profundamente de nuestro Salvador, el Señor Jesucristo.